你知道吗？

孩子的成长是有规律的。

希望这本书能帮你

真正了解自己的孩子。

.

全球阶梯教养圣经

Your Three-Year-Old

你的3岁孩子

〔美〕路易丝·埃姆斯
〔美〕弗兰西斯·伊尔克　著

崔运帷｜译

北京联合出版公司
Beijing United Publishing Co.,Ltd.

目 录

contents

1
Chapter

从友善到叛逆——
三岁孩子的身心发展特质

> 　　和别的年龄阶段一样，在三岁这个阶段，孩子也会经历稳定和不稳定两个螺旋上升的时期：三岁到三岁半的孩子是快乐而友善的；到了三岁半以后，孩子将会经历人生的第一个叛逆期。这时候，家长的表现将会对孩子的成长，尤其是个性与创造力有很大的影响。

2 Chapter 合作意识的启蒙期——三岁孩子的人际关系

> 随着孩子慢慢长大，朋友对他也越来越重要。从两岁半开始，他在和朋友的交流过程中就会开始改变原来对别的孩子不理睬的态度，慢慢增加在其他小朋友身上花的时间。虽然他只是担心别人抢走自己的玩具或者想把别人的玩具据为己有，但这已是他在人际交往上的巨大进步。

3 Chapter

让孩子不再和你对着干——
与三岁孩子相处的技巧

> 教育三岁的孩子并没有什么捷径，你只要跟其他家长一样，表现出你足够的细心、耐性，并且掌握一般常识，就可以跟孩子和平相处。可是，这一切会在孩子三岁半的时候变得大不相同。但你必须记住一点，孩子的一些反常表现，也许恰恰是在告诉你他需要帮助。

先进后退——
三岁孩子的能力表现

> 孩子从爬行、慢走、快跑，玩沙土、玩泥巴、画画、堆积木，到与别的孩子做游戏、抢人家的玩具，再到学着自己穿衣服，他的一言一行、一举一动都是"能力"的表现。不同的孩子在能力表现方面会有很大的差异，家长不要因为自己的孩子在某方面表现不如同龄的孩子就过于着急。

5
Chapter

好玩就能好快乐——
三岁孩子的庆生会

> 庆生会对三岁的孩子来说也许是陌生的，因为他并不明白何为"庆生"。但他最在意的是，在庆生会上会有同龄的小朋友跟他一起玩。我们不需要刻意去准备什么花哨的项目，只需给他们足够的空间和一些零食、饮料，还有他们喜欢的玩具和小礼物，就能让他们过上一个快乐的庆生会了。

6
Chapter

小技巧发挥大作用——
三岁孩子的生活常规

> 　　穿衣、刷牙、进食、洗澡、上床等每天必做的事情是三岁孩子非常在意的，不管他们是为了讨大人的欢心还是按自己的意思来。"知道"并"学习"一些小技巧，不仅对父母有好处，对于孩子也是有帮助的。

7

Chapter

妈妈做对了，孩子就会了——
三岁孩子的心智能力

孩子的身体和头脑的发育是密不可分的。在孩子的成长过程中，父母观察、表扬他的各种表现的同时，没有必要非要他多认字、多说话、常数数。特别或者刻意要求他多读、多写并不是最正确的做法。

8
Chapter

因材施教——
三岁孩子的个体差异

　　家长们可以从很多角度来观察、判断孩子的个性，比如他的运动量、规律性、适应能力、反应速度和程度、情绪的变化、坚持度和注意力分散度等。孩子有不同的表现，家长也应该采取不同的措施。

9 Chapter 你是否也遇到过这些麻烦？ ——源自妈妈们的真实故事

> 不同的孩子在成长过程中会表现出一定的规律和特点，很多孩子在同一事件上出现了同样的让父母棘手的问题。为了帮助父母解决这些问题，我们特意挑选了一些有代表性的妈妈来信进行分析，相信对读者会有所帮助。

作者序

给父母一张关于孩子成长的地图

"孩子在不同的年龄，会有着怎样的发展和行为呢？"

给这个问题提供标准和规范，可能会让你觉得心里很踏实，也可能会引起你的忧虑不安。即便如此，我们还是觉得，对于大多数父母而言，了解孩子在某个年龄阶段的特点，可以减少在教育孩子过程中的盲目性。特别是当孩子遇到困难和麻烦的时候，如果父母知道这不是你孩子的个别行为，而是这个年龄阶段孩子拥有的暂时现象，那心里就会踏实很多。

早在四十多年前，格塞尔人类发展研究所就成立了。在阿诺·格塞尔博士的指导下，我们在耶鲁大学开发了一个新的研究课题，即探讨不同时期儿童行为的发展特点及规律。我们对数以千计的小男孩和小女孩进行了观察与研究，每一项研究结果都让我们所有人相信一点，那就是人类行为的发展是有章可循的。因此，我们能准确地预测出你的孩子在成长的不同阶段，在动作、语言、社会行为和情绪发展等各个方面，会有怎样的表现和特点。也可以这样说，我们能够对百分之八十的孩子，在个人发展过程中将面对的问题进行正确的预测。

我们都知道，每个孩子都是唯一的，没有一个孩子能够代表所有的孩子，即便是双胞胎，也会在某些方面存在着一定的差异。与此有关的话题，我们会在本书的第九章展开论述。

因此，当你看到"四岁的孩子狂野而美妙，五岁的孩子开朗而愉悦，到了六岁就又不同"时，千万别以为，所有的孩子在那个年龄段"都会"或者"应该"是那个样子。

有些孩子发展很快，有的则步伐有点慢。当然，还有一大部分孩子的发展经历会和我们描述的大同小异。除了孩子在发展速度上有快慢之别外，其稳定性也会因人而异。有些小孩在每个阶段都能很好地适应，而有些孩子则出现了好多的问题，也给父母带来很多烦恼。

经过研究发现，有些孩子各方面均衡发展，不管是动作、学习还是语言方面，都呈现出一致性的特点。有些孩子可能各个方面都慢一点，也可能各个方面都快一点，或者各个方面的发展速度不快也不慢。也有一些小孩属于混合型发展，比如语言能力发展超前，而动作能力却发展得比较缓慢。

在这本书里，我们会对孩子在各个阶段的发展特征进行描述。为了避免让读者产生困惑或某些担心，我们再次重申：我们在书中所描述的孩子在不同年龄阶段的发展特征，具有一般性、概括性，是我们对数以千计的孩子进行观察和研究之后，所归纳出来的一般性结论。说得再形象一些，这本书就如同一张地图，只是你出行的参考。我们只是告诉了你距离的远近以及这个城市的情形，但却不知道你会有怎样的具体游览过程。也许你步履匆匆，走马观花；也或许你闲庭信步，心情悠然；也没准错过了美景而转身往回走。这些都不是地图能够左右的，它只是告诉你地理位置，而不能决定你的路该怎么走。

事实上，有很多的父母感觉我们的"儿童行为发展图"作用很大，对自己很有帮助。如果你赞同我们的观点，你也可以参考我们提供的图，可能你也会从中得到帮助。不过，你千万不要用书中的一般情形和你孩子的发展情形去做比较，以免对孩子或我们的研究成果进行不当的评价，进而产生教育上的误区。

"你的孩子是独一无二的。"请一定要记住这一点。我们希望这本书可以帮助你更加了解孩子，从而理解并欣赏孩子的行为。

众里寻他千百度

每一个做了父母的人，都希望自己能够做一个对孩子成长负责任的好爸爸或好妈妈，我也不例外。当儿子的生命还蠕动于我的体内时，幸福的同时伴随着我的决心——一定要做一个好妈妈！

孩子出生了，他躺在我的怀里，吸吮着我体内流淌的乳汁，明亮清澈的大眼睛和我对视着，充满了对我的信任和爱，而此时，我却感到了一阵恐慌——我该如何去爱上天赐予我的这个宝贝？我懂得要给他吃母乳、要保护他的安全、要尽我所能地给予他最好的教育……但是，我不懂得在他每一个成长阶段，会出现怎样的心理发展过程，这些心理发展会让他呈现出怎样的行为，我又该如何去帮助他完成这些发展过程。比如，他现在才三个月大，他的精神需要是什么？我是否应该让他吃手指？在他六个月大的时候，他会出现怎样的行为？他四岁的时候如果与小朋友打架，我该怎么来处理……我感觉到做一个好妈妈有些力不从心！

随着孩子一天天长大，他真的开始吃手指头了；他去幼儿园的第一周就和小朋友打架了，脸上还被抓出了血痕；他开始追着我和先生的屁股不停地问问题，这个世界有太多他不明白的东西；他拿起剪刀把自己的头发剪成了朋克状；他在幼儿园为了不把大便解在裤子里而憋上一天，我们不明白他为何不去洗手间；他开始说"屁股""臭大便"，反复地说，我们越是阻止他说得越开心；他开始邀请幼儿园的小朋友到家里来做客，而且没有经过我们的同意就带小朋友回家了；他开始对文字感兴趣，家里的任何一本书以及大街小巷的每一个门牌和挂着的标语，他都要求我们认真地读给他听……

因为不懂得孩子，所以我们会犯下很多的错误。比如，当他的脸被小朋友抓出小小的血痕时，我告诉他："如果谁再靠近你，你就还击他！"当天，老师给我们的反馈是：

"你的孩子怎么了，小朋友才靠近他，他就出手抓人家的脸，他以前不这样啊！"我立即意识到自己的教育是有问题的，但问题在哪里，我却不知道。

当我发现自己存在问题后，我开始学习教育孩子的方法，于是到书店里去买书看。然而，十七年前的书店里，教育孩子的书种类非常稀少，唐诗和宋词外加名人教子语录，这些书籍无法帮助我理解孩子的成长规律，也无法让我学习到正确的应对方式，于是，我仍然在黑暗中摸索着孩子的成长规律。

在孩子十五岁的时候，我才接触到了教育的核心，才开始明白教育的本质是帮助孩子完成每个年龄阶段生命发展的任务，可是，我的孩子已经十五岁了！他成长中最重要的时期被我错过了，那种因为错过而心痛的感觉让我在许多夜晚不能成眠，我们和孩子都无法重新来过，我们再也回不到从前了！现在，孩子已经二十岁，即将离开我们远赴英国上大学。好在从我明白错过的那一刻起，我没有再错过孩子的成长。这五年是我弥补自己缺失的五年，感谢上天给了我这五年的时间！

有了陪伴孩子成长的经历，有了我对教育的研究和感悟，我觉得自己有责任为年轻的父母们做点什么，让他们不再重蹈我们的错过。这些年来，我不断地接触、体验和思考新兴的教育理念和方法，寻找能够给父母们带来更好帮助的书籍。但是，一直没有这样的书入我的眼，直到玉冰把这个宝贝带到我的面前，这套书让我眼前一亮——这不正是我多年来苦苦寻找而不得的宝贝吗？！

这是一套研究 1~14 岁孩子发展规律的书，一群严谨的学者用了四十年的时间来研究每一个年龄阶段孩子的发展规律，并给父母提出了具体的建议和应对方法。虽然我国也有很多研究教育的机构，但是，我们缺乏对各个年龄阶段孩子科学严谨并能够持续四十年之久的研究。这套书能够弥补我们的缺陷，给我们的研究和父母养育孩子提供非常大的帮助。

虽然东西方存在着文化上的差异，但是，在人类这个物种成长和发展的规律上，存在的差异不会太大。比如，无论是西方还是东方，孩子们都需要在妈妈肚子里怀胎十月才出生，一出生就能够吸吮，出牙的年龄都在 4~6 个月，都会在一岁左右走路，都能够解读成人的表情，都会在同一个年龄阶段出现相应的敏感期……无论是东方还是西方的父母，都希望在了解孩子发展规律的基础上来帮助孩子成长，都希望孩子具备善良、有责任感和自律等优秀的人格品质，都需要具备帮助孩子建构健康人格的能力，由此，我相信这套书能够帮助到中国的父母们。

假如，在我的孩子刚出生时，我就能够看到这套书，我就有信心做一个好妈妈。因为，我会了解孩子在当下的生命发展过程中会出现怎样的行为，我该给予孩子怎样的帮助，才能让他顺利地完成这个阶段的发展任务；同时，我还会预见孩子在未来每一个年龄阶段生命发展的方向，我会提前做好相应的心理和物质准备。虽然，对于我来说这一切都只能成为一个"假如"，但对于孩子在成长阶段的读者来说，这是真实可行的！

胡萍

2012 年 4 月 26 日于深圳

编者注：胡萍，中国儿童性教育的先驱。2001 年开始研究儿童性健康教育和儿童性心理发展。2004 年开始在全国 50 多个城市开展性健康教育父母课程，并多次与中央电视台、新浪网等合作录制儿童性健康教育节目，其代表作有《善解童贞》《成长与性》《儿童性教育教师用书》等。

在这里寻找答案

"教育是一门科学，不能仅凭经验。"这是我回国后一直倡导的教育价值观。

2002 年，我从德国慕尼黑大学毕业后回到国内开始从事教育工作，将近十年的工作中，我感到最大的困扰就是父母宁愿相信经验，而不求证于科学；父母宁愿拿自己的孩子和周围孩子相比，也没有办法用科学的方式评价自己孩子成长得是否合适。

印象最深的是每次都有父母非常焦虑孩子的正常现象。比如说"多动"。在他们的眼中，如果一个四五岁的孩子无法专心做事 30 分钟就是多动症，就需要看病吃药，就会导致学业问题。每次当我耐心地向他们解答每个年龄段不同的正常现象，持续多长时间就是在正常范围内时才能减轻他们的担心。比如父母们不明白为什么三四岁的孩子喜欢拿着东西就往地上扔，喜欢强调"我"。

只有当父母知道什么是"正常"，才能真正理解孩子的行为，也才能给予正确的引导。

所以，我特别希望有一套介绍个体发展基本规律的书籍，帮助父母认识到个体发展规律，帮助他们判断孩子行为的"正常"和理解孩子行为背后的原因。

相比较个人发展和心理认知专业书籍的晦涩，《你的 N 岁孩子》系列更加生动，语言容易理解。在这套书中，读者看到的是一群同年龄的孩子，他们的生活跃然纸上。在这里，你一定会找到自己家里的那个宝贝，也能更加走进他们的内心。

兰海

编者注：兰海，上濒教育机构创始人，毕业于德国慕尼黑大学教育心理学专业。研究方向：创造力发展、青少年成长、教育规划、亲子关系。兰海先后在慕尼黑大学获得心理学、教育学和社会学三个学位，在九年的教育实践工作中，对国际、国内的教育状况有非常深入的了解和研究。目前，兰海是中央电视台少儿频道《成长在线》栏目特邀专家，《父母世界》杂志特邀专家。著有《嘿，我知道你》《孩子需要什么》等书。2009 年，《中国教育报》专题人物报道：《教育是科学，不能仅凭经验》；2011 年 4 月，CCTV10《人物》栏目专访：《带孩子寻找快乐的老师——兰海》。

在帮助孩子的同时懂得孩子

　　我要郑重地向所有的家长推荐这套书，因为这是迄今为止我看到的对家长育儿最有帮助的书；我也要郑重地向老师们推荐这本书，因为有了这本书，忙碌的老师们就再也不用为发展心理学中那些生涩的字词而头痛了。妈妈和老师不想成为理论研究者，他们只想在帮助孩子的同时懂得孩子。他们只想知道一个两岁的孩子眼皮都不抬地乱扔东西是否正常；他们只想知道当孩子乱扔东西时，他们该怎样帮助孩子。

　　当有一本书说"孩子感知运动时期第八循环第一阶段，其生物功能如何被环境改变，这一改变来自怎样的图示过程"时，家长和老师们真的就被吓住了，他们会带着可怜的、自信心受到打击的神情对你说："我学不会，我不懂，我做不到。"

假设你是那个作者，当一个老师或一个家长这样对你说时，你会绝望吗？你会觉得他们不适合做父母和老师吗？这时，请你看看这套书，看看它是用怎样的关怀向想要了解孩子的人讲述孩子，又是用怎样朴实贴切的招数在帮助它的读者。看了这套书，你会知道，这套书是有鲜活灵魂的；当你面对它时，你会自然轻松地用心灵与它沟通。

我要说，朋友们，请打开这套书吧，不管你是妈妈还是爸爸，不管你是老师还是教育家，请打开这套书吧！

李跃儿

编者注：李跃儿，中国著名儿童教育专家，中国芭学园创始人，曾为《父母》杂志教育答疑专家、央视少儿频道签约专家。畅销书《谁拿走了孩子的幸福》系列的作者。2004年荣获第三届中国国际家庭教育论坛"华表奖"和"形象大使"称号。2006年荣获"2006年中国幼儿教育百优十杰"（第一名）称号。2009年荣获"2009年中国民办幼儿教育十大杰出人物"称号。2012年荣获"中国教育行业木兰奖"。

编者序

特别科学，特别爱

回想一下你的孩子出生时的场景，你痛苦而忐忑地躺在手术台上，将自己和尚未谋面的孩子托付给医生。这时，如果医生走过来对你说："对于接生，我实在没有受过什么训练，但我很爱我的病人，我会用常识为你接生的。"你听了这些会做何感想？恐怕会焦虑至极、惊恐不安，马上要求换一个医生吧？

你的孩子和你处在同样的境地，如果你也像很多父母一样，认为爱和常识就足以教育好子女的话。你的孩子，尤其是学龄前孩子，将自己的生活和未来完全托付给作为父母的你，他们需要的，不仅仅是爱和常识，而是像医生一样的专业以及能够成为一个好爸爸、好妈妈的特别技能。

怎样才能拥有或者培养出这样的专业和特别技能呢?

了解你的孩子恐怕是身为父母的你要做的第一步。为了了解孩子,了解他每一步的成长,美国格塞尔人类发展研究所在耶鲁大学对数以千计的孩子进行了观察和研究。他们不仅观察孩子们每年的身心发展特质、观察他们的心智等各方面能力和人际关系表现,也总结他们这一阶段的成长规律。同时,他们还列举了很多同一年龄阶段孩子的典型表现供父母们参考。他们将所有这些都收录进了他们的研究成果——《你的 N 岁孩子》系列图书中。就像作者在序言里面所说的一样,这套书为父母提供了一张儿童发展的地图,所以,想了解孩子的父母们有福了!

但了解并不等于专业,在了解的基础上有技巧地应对才是专业好爸爸、好妈妈的作为。身为父母的你可以将这套书作为参考,每本书都为你提供了和不同年龄阶段孩子相处的技巧,提供了教养建议并为父母头疼的问题提供解决方案,这些都是专家四十多年研究的成果,相信对你会有很大的帮助。

除此以外，你还可以从这套书中取得别的书所不能给你的最难得营养——在建立完美的亲子关系的过程中找到快乐的自己：

你会在孩子遇到困难麻烦的时候想到这不是你孩子的个别行为，而是这个年龄阶段孩子的暂时现象，你不会因此而惴惴不安；

你会在孩子发展异常甚至出现倒退的时候知道这是孩子成长的螺旋规律，需要适时调整自己的教养方法，你不会为此而焦躁难眠；

你不会过早地随大流把自己的孩子送进亲子班，因为你会知道一岁半前孩子的发展和猩猩没有区别，你将节约时间和金钱；

你也不会因为把终日和自己对着干的三岁孩子交给保姆或长辈而自责，你会知道这也是和这个阶段孩子相处的技巧，你将收获心灵的踏实和快乐；

…………

正因为上述所有特点，这套书一经面世便受到了全世界家长的欢迎。中文繁体版由信谊基金出版后在台湾地区持续畅销，内地千万妈妈也翘首以盼，甚至引来了盗名出版。而今，经过北京紫图图书有限公司长期的版权洽谈，这套书的唯一简体版终于得以和中国妈妈们见面！

为了将这套风行全球的阶梯教养圣经更好地呈现给所有读者，我们对原文进行了精心编辑和制作，根据阅读的需要加入了小标题和检索表，希望能让你的阅读更加畅快。你选择的是紫图旗下少儿及家教品牌——奇迹童书为你精心制作的图书，相信它会给你带来帮助。我们衷心祝愿：你和你的孩子拥有更美好的成长经历！

编者谨识

2013 年 3 月

三岁孩子能力发展及教养简表

	三岁到三岁半	三岁半到四岁
整体特质	快乐、友善	焦虑、叛逆
动作、语言等能力	◇ 能很好控制肢体，走路步伐稳定 ◇ 四肢动作顺畅 ◇ 有调节视线的能力 ◇ 能够感知和觉察大人的喜怒哀乐 ◇ 语言能力突飞猛进，乐意接受新鲜词汇	◇ 各方面能力可能出现倒退的情况 ◇ 可能经常摔跤、紧张发抖 ◇ 可能出现暂时的眨眼和斗鸡眼 ◇ 原本说话流利，却又出现几个月口吃期 ◇ 开始注意语法 ◇ 焦虑到吮吸手指、啃指甲、挖鼻孔等 ◇ 缺乏定性

	三岁到三岁半	三岁半到四岁
心智能力	◇ 身心稳定成长，自我意识成熟 ◇ 时间概念发展，会简单计数 ◇ 要注意继续培养幽默感 ◇ 合作意识的启蒙期	◇ 缺乏安全感，经常表现得焦虑、内向，时间概念具体化 ◇ 会编说故事 ◇ 创造力开发的黄金时期
人际关系	◇ 合作意识和团体意识的启蒙期 ◇ 喜欢有人陪他玩、和其他孩子做互动游戏 ◇ 权威人物对他有一定影响 ◇ 开始理解别人的想法和感受 ◇ 有喜恶选择 ◇ 学会使用技巧达到目的	◇ 对"东西"的兴趣转移到人上 ◇ 比三岁时更注重朋友 ◇ 很少独立游戏，多三三两两一起游戏 ◇ 开始对活动有所规划 ◇ 父母要避免孩子受排斥

	三岁到三岁半	三岁半到四岁
饮食习惯	胃口很好	不好好吃饭不要强逼
睡眠习惯	◇睡眠很好，父母可以准备起床礼物 ◇如果孩子坚持，可以和父母一起睡	◇孩子不喜欢睡午觉，父母就不要强求 ◇容易惊醒，跑到父母床上睡或者睡地板都很正常
读写等习惯	◇对交通工具、动物等图画书充满兴趣 ◇喜欢唱歌并随节奏跑跳	◇在阅读后可以鼓励孩子自己编故事、讲故事，故事中出现暴力情节或伤害事件属于正常现象 ◇画彩笔图、揉泥巴等都可以帮助孩子开发创造潜能
大小便训练	大人稍稍帮忙，就能自己解决大小便	大部分孩子都能熟练大小便
洗澡穿衣	◇如果拒绝洗澡，偶尔一次不洗也没关系 ◇喜欢自己穿脱衣服	常常因为穿衣服和父母斗气，这时，帮他穿脱衣服要快速坚定

	三岁到三岁半	三岁半到四岁
与孩子相处的技巧	◇ 制订一个严密的教养计划 ◇ 学会让电视机帮你的忙 ◇ 让孩子独立吃饭 ◇ 如果他不喜欢走路，就让他在家里玩 ◇ 让他努力成为别人的榜样 ◇ 少用责备、负面的词和孩子沟通 ◇ 不要过早教他认字、读书，你多讲故事、在他面前多阅读就可以了 ◇ 不要试图通过各种训练提高孩子的智力，给他足够的关爱和支持就可以了 ◇ 把时间概念具体化，有助于孩子学习 ◇ 如果空间概念很弱，一定要及时补救	◇ 雇个保姆缓和你和孩子的关系 ◇ 保证你有大量时间陪孩子，尤其是在他耍脾气的时候 ◇ 如果他不喜欢，尽量少带他上街或者去别人家 ◇ 灵活处理孩子在行为上的倒退 ◇ 适当引导他的需要 ◇ 妈妈离开前让孩子有心理准备 ◇ 不要总逼着孩子吃东西 ◇ 如果孩子语言有错，只需要将正确的说一遍即可，不要重复他说的话或者改正他 ◇ 不管孩子什么性格，不要强加改变 ◇ 不要试图让孩子屈服于你，因为大多数孩子都是"顺毛驴"

从友善到叛逆——

三岁孩子的身心发展特质

和别的年龄阶段一样，在三岁这个阶段，孩子也会经历稳定和不稳定两个螺旋上升的时期：三岁到三岁半的孩子是快乐而友善的；到了三岁半以后，孩子将会经历人生的第一个叛逆期。这时候，家长的表现将会对孩子的成长，尤其是个性与创造力有很大的影响。

1. 三岁到三岁半：
快乐而友善的稳定成长期

就像潮汐有涨有退，人类的行为也一样，会交替出现两种相反的情形。在孩子的成长过程中，发展阶段的好与坏，情绪的稳定与不稳定，行为的内向与外向，等等，都会交替出现。

从两岁半到将近三岁这一阶段，一个先前吵闹不安的孩子会突然变得安静斯文起来。挂在他嘴边的是"好"或"要"，而不是"不"；最经常出现在他脸上的表情是笑，而不是哭；对你的要求最多的是接受和妥协，而不是拒绝。

许多幼儿在两岁九个月左右时，都喜欢重温他们褴褓时期的旧梦。他会假装自己还是个小宝宝，只会使用简单幼稚的儿语。然而，另外一些孩子则不肯放弃他们已经获得的语言能力，于是，我们经常会听到他们这样说："我是个不会走路，不会吃饭的小宝宝，你得用奶瓶喂我！不过，我这个小宝宝可是会讲话哟！"

事实上，大部分的孩子到了三岁时，在生理和心理方面（尤其是情绪情感方面），都会进入一个稳定的成长期。此时，他们的自我意识和自我概念已经比较成熟了，但他们的自我意识还会因别人对待他们方式的不同而有所不同。

❖ 拒绝态度被分享、依赖所取代

在他们两岁半的时候，"你"和"我"是两个绝对不能混淆的概念。当他们为自己不具备某种能力而苦恼时，却常常会不服气地说："我一定要自己做。"而当他们完全可以自己完成时，却总是说："你来帮我做。"到了三岁时，"你""我"之间就出现了一座桥梁，那就是"我们"——可以一起快乐、合作的。

实际上，三岁这个阶段完全被"我们"占领。"我们……"是孩子们最喜欢说的一句话。例如："我们一起玩，可以吗？"这种"我们一起"的感觉，很让他们着迷，让他们体会到分享的快乐。但是，这也可能让他们产生更强的依赖感。一个从前倔强地要自己来的孩子，现在却常常央求妈妈帮助他完成某件事，说："妈妈，你帮我做……"

❖ 能力全面提升，情绪稳定而欢乐

在强硬的拒绝态度被分享和依赖取代的同时，三岁的孩子也获得了身体和能力的全面提升。他们也常常为这件事而感到骄傲，在得意地表现一番后，信心十足地问："两岁的小宝宝可以这样做吗？"阿诺·格塞尔博士形容三岁的孩子时，曾经这样说："他们把从前获得的种种能力结合起来，在三岁时呈现出一个全新的自我。"那个六个月前还很执拗、不听话的孩子消失了，被一个情绪稳定、易于驾驭的个体所取代了。

不要以为三岁的孩子还很幼稚，事实上，你脸上的喜怒哀乐，他们已经能察觉到了。如果他们想要取悦于你，就会尽量做对事情，并且会经常问你："这样做，对吗？"别人对他表现出欣赏和赞美时，他会很欢喜。别人跟他开玩笑，他也会友善地回应。

在控制肢体动作方面，三岁的孩子已经变得相当成熟和顺畅了，不会再像以前那样仅仅因为自己的动作失调而大发雷霆。但是，在他三岁半时，因自己的笨手笨脚而引发的情绪失控又会再次出现。

孩子三岁时，走起路来步伐稳定，双手自然摆动，不需要为了平衡重心而夸张地伸出整个手臂。他跑得也很顺畅，遇到急转弯时，也不会花费很大的力气才能完成。

有其他人陪着他玩的话，三岁的孩子会非常开心，尤其当妈妈陪他的时候，他是最开心的。妈妈上街买东西，他要跟着；妈妈做家务，他要帮忙。如果妈妈能陪他玩，尤其是可以放下手边的事，全情投入地给他讲故事听、陪他做游戏，他的欢笑声甚至可以掀翻屋顶。

他的情绪在这个阶段也是欢乐而稳定的，易于接受、乐于分享是他此时的最大特点。

❖ 语言能力突飞猛进

除了在肢体动作、情绪等方面的发展以外，在这个阶段，他们语言能力的发展也是突飞猛进的。一些新鲜的词汇，比如说"保密""非得""吓死了""太难了"，等等，是他非常乐于接受的。而这些新鲜的词汇，有时还可以帮你化

不稳定期   稳定期

                                              五岁

四岁半   四岁

三岁半   三岁

二岁半   二岁

一岁半

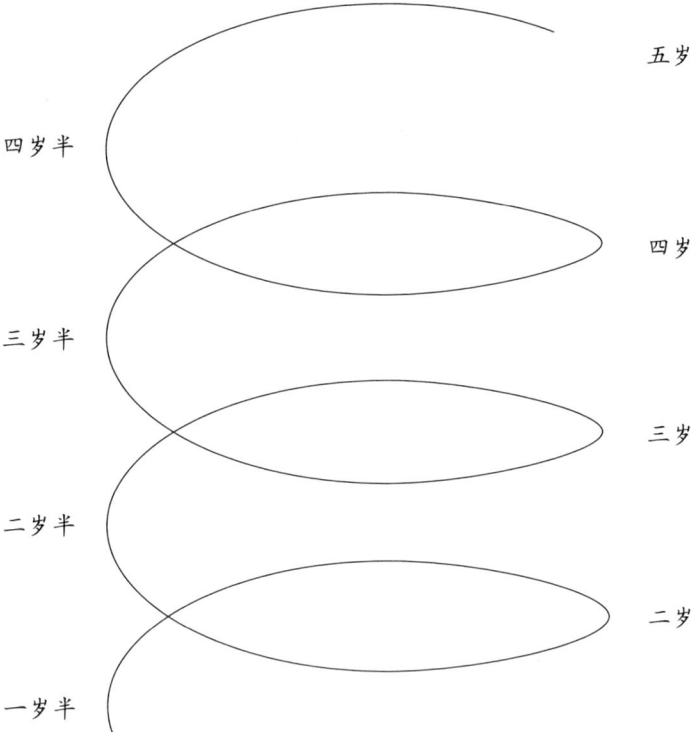

图一　稳定期与不稳定期交替出现

解僵局，挽回和他之间的局面！举个例子，当你不小心惹恼了他，而你突然说："妈妈给你一个小礼物！""小礼物"这个字眼会立即吸引他的注意力。而如果你能及时把这个小礼物拿出来，哪怕就算是一块小小的饼干，他也能立即欢欣起来，刚才不愉快的事会被统统抛到九霄云外。

然而，在这段美好时光的掩映下，另一段不美好的时光已经悄然降临了，这也就是我们通常所说的，稳定之后的不稳定时期（见图一）。而这段时光往往就开始于孩子三岁半时。

2. 三岁半到四岁：
焦虑而叛逆

和孩子三岁时表现出来的合作意识恰恰相反，三岁半以反抗为最大的特征。在妈妈看来，三岁半的孩子似乎成心和她过不去，没有一点是让她舒心的。

孩子到了三岁半时，许多原本日常生活里最微不足道的小事，比如穿衣、吃饭、上厕所、起床或睡觉等，现在都成了妈妈和孩子发生争吵的原因。

那些从前应付孩子屡试不爽的技巧和方法，现在统统都失效了。孩子惹母亲上火的原因大致有两种：一是孩子明摆着跟妈妈作对；二是孩子马上就要四岁了，妈妈认为许多事他都该懂了，但实际上却不是如此。到孩子四岁时，这种情况才会渐渐减少，但是在此之前的半年，正是孩子发展的不稳定期，各位家长朋友还是要小心应对。

在孩子三岁的时候，专家的帮忙和忠告，妈妈可能不太需要，但是到了三岁半的时候，妈妈可能需要很大的帮助了。下面我们向妈妈介绍一些三岁半孩子难免会发生的事情，希望可以对妈妈有所帮助。

有时，三岁半的孩子看起来非常固执，妈妈可能会认为那是他自信的表现，事实却不尽然。因为处在这个阶段的孩子非常缺乏安全感，他常常表现得非常焦虑、内向。

比如，在肢体运动方面，他们会经常摔跤，时有紧张发抖的现象。六个月前，他不知天高地厚，下楼梯时，敢一下子从两个甚至三个台阶上蹦下，现在他则缩手缩脚的，总要两脚下到同一个台阶时，才敢往下迈一个台阶。半年前，用积木搭高楼时，他一点儿也不担心积木倒塌，但现在，他在往上面加一块积木时通常倒几次手，可还是不敢放上去，手抖得厉害。

在语言方面，他会出现口吃的现象（其实，有的孩子发育早，在两岁半时就出现了口吃的现象），这让家长很着急。本来半年前他说话已经很流利了，现在怎么又会出现这种情况呢？其实，家长朋友们尽可放心，许多研究表明，**这种口**

吃不过是儿童学前时期语言运用不够流利的一种表现而已，没必要特别去矫正，除非口吃的现象持续好几个月。

在情绪情感方面，他会表现出紧张、焦虑，不愿意与人接触。旁人的一点无关的笑声、说话声，甚至看他一眼都会引起他的紧张和焦虑，他会极力避免与人接触，从而避免受到影响。此外，还有一些行为也是他紧张、焦虑的表现。如吸吮手指，啃指甲，不惜用脏脏的小手挖鼻孔，有的时候会不停地摩擦性器官，或者咬住自己的衣角不放。还有的孩子则时时处处把自己的小棉被带在身边，任凭妈妈怎么说他，他都不会放手，等等。

此外，在视觉上，他们也相应地表现出了一些问题。他怕到很高的地方去；在幼儿园老师讲故事时，他会说："我什么都看不见。"他想让妈妈念书给他一个人听，而且最好是把他抱在怀里；他希望图画书就在他眼前，一睁眼就能看见，而且还能任他翻阅。

虽然这个时期的他们很缺乏安全感，事事都表现得很焦虑、胆怯，但其实他们有着极强的意志力，总想要掌控外部世界。因为这时"我们"对他的吸引力日渐下降，取而代之的是更强的自我意识，所以他要积极地捍卫"自我"，并以此减少情绪上的焦虑和不安。于是，他会经常发号施令，比如，命令爸爸妈妈不讲话，命令爸爸妈妈不许在房间内走动，命令爸爸妈妈不来看他，等等。一旦他的命令被执行，他会扬扬自得起来，认为世界都在他的掌控中了。

在孩子三岁半的时候，许多妈妈都会感受到一种强烈的挫败感，尤其是以往那些对管教孩子很有一手的妈妈更是如此，不得不暂时把孩子交给保姆。而保姆并不见得真心关切孩子会不会饿、会不会累，这一点三岁半的小孩也心知肚明，所以他们在保姆面前，可能会表现得乖巧一些，反倒是对真心关爱自己的妈妈，会肆意撒娇卖痴。因此，让保姆来带孩子，可能真的是一个比较理想的对策。

❖ 孩子没有定性让父母头疼

这一期间孩子的另一个特征就是缺乏定性，一会儿说东，一会儿又说西；刚刚还很怕羞，现在就变得很勇敢了。对于这种情绪，百依百顺未必能解决问题，反而可能会使事情更加不顺利。有时，你带他出去散步，但是没过一会儿他就觉得无聊了，说什么也不愿再走了。你想也许你走远一点儿他肯定会跟上来的，但是他就是在那儿一动不动，就等着你回来带他。

有时，他肯陪你上街去买东西，但是刚到目的地，他却变卦了，不肯进店，硬要拉着你回来。你好说歹说，他就是不听，还要大闹一场。在这里，我们建议你出门时尽量不要带孩子，把孩子交给保姆看管。如果不方便请保姆的话，可以跟邻居们商量一下，由他们暂时帮你看一下孩子。

最让您头疼的事，恐怕就是那些每天例行的事了，比如说吃饭和穿衣。让他吃一口饭、穿一件衣服，几乎都免不了一场战争。然而，在吃饭、穿衣之外，他又会表现得非常可爱、懂事。

可能刚刚因为吃饭，你和他闹得非常不愉快。但是，下一秒钟，他又和你非常亲热起来。这种状况恐怕每个家长都遇见过，弄得家长朋友们哭笑不得。

由于这个阶段的孩子一方面缺乏安全感，另一方面却又想支配外在的世界，所以表现出来就是他们情绪的不稳定性。然而，这种不稳定的情绪并不会折磨他们多久。因为到了四岁，也就是六个月之后，他们就会渐渐被幸福感和满足感所包围。

❖ 对人和动物朋友表现热衷

与此同时,"朋友"这一概念,在三岁半孩子的头脑中已具有相当重要的地位了。事实上,也正是因为对于朋友的热衷,才使得这个年龄的孩子在行为上表现出非常可喜的一面。

当然,除了现实中的朋友,许多孩子还有一群朋友存在于想象中,这些想象中的朋友可能是一群人,也有可能是一群动物。

有时他还自己来扮演这些动物朋友,或者他假装自己是小猫或者小狗,或者他假装自己是老虎或者狮子。当他进入这些角色时,也会表现出相应的行为,像猫的温顺,像老虎的暴虐,等等。

❖ 虽然倔强冲动,但积极主动

如果三岁的孩子在我们看来多少有些旁观或是等待的样子,那么,相形之下,虽然三岁半的孩子有些倔强冲动,但他却很积极主动。当然,在他的行动中,偶尔会发生一些意外情况,比如裤子尿湿了,他却不知道是怎么尿湿的;又或者突然号啕大哭起来，他却说不清为什么。

❖ 语言等能力发展飞快，男孩易出现恋母情结

表现出这样的行为，三岁半的孩子就免不了要成为家长的一块心病。但是，在焦虑之外，他还是会给家长带来一点欣慰。在这段时间，他会发展得很快，尤其是先前那些发育较为迟缓的孩子，在这个时候会赶上甚至超过他的同龄孩子；而那些开口说话很晚的男孩，在这个时候也会口齿流利起来。

事实上，三岁半孩子语言能力的提升，不仅表现在他语汇的增加上，同时还表现在他发现了语言沟通的真正意义。因此，他在行为方面的表现更令人满意，和他一起共度的时光会很有意思。

此外，非常有趣的恋母情结，通常也会出现在这时。有一位妈妈就经历过这样一件事：她三岁半的儿子非要和她结婚，她就问儿子和她结婚后要做什么。儿子回答说："我们就坐在沙发上聊天，或者就是简简单单坐着就行！"

3. 给父母的提醒

孩子三岁时，你和他相处起来会是非常美好而亲密的，因此，我们也没有什么特别的忠告。然而，三岁半时的他，却是你要格外注意的。

❖ 有耐心的同时为他制定标准

这段不愉快的时光，是由于孩子身心发展的不稳定引起的，而不是他有意要和你作对。明白了这一点，你在照顾他的日常生活起居时，千万要静下心来，要有足够的耐心。

在处理穿衣、吃饭这些小事时，在坚持原则的前提下，你得为他制定一个标准，不能完全由着他的性子来。当然，凡事都不是那么绝对，偶尔放他一马，也不会有什么大问题。

❖ 不要因为自己的孩子与别人不同而忧心忡忡

孩子永远都是一个独立的个体，这一点不会因为他年龄的增长而改变。任何两个孩子都是不同的，他们的发展步调也不会是完全一致的。你的孩子，也许会早一点出现我们所描述的三岁或三岁半孩子的典型特征，也许会晚一点出现。又或许他根本就不是个一般人，也说不定！

也许，你拥有一个性格愉悦和顺的孩子，三岁半到四岁这段时间，他会完全平稳地度过。那么，你也就没什么好担忧的了。但是，如果这些现象真出现在他身上的话，也没什么大不了的，一点点不稳定的因素不会对孩子的整个成长造成什么坏影响。

一般的孩子到了这个年龄，常常会出现我们上面所提到的特征。但是，请不要因为你的孩子与别人不同，就忧心忡忡，事实上，每个正常或是一般的孩子都会在成长过程中，表现出一点点不寻常的地方。

2
Chapter

合作意识的启蒙期——
三岁孩子的
人际关系

随着孩子慢慢长大，朋友对他也越来越重要。从两岁半开始，他在和朋友的交流过程中就会开始改变原来对别的孩子不理睬的态度，慢慢增加在其他小朋友身上花的时间。虽然他只是担心别人抢走自己的玩具或者想把别人的玩具据为己有，但这已是他在人际交往上的巨大进步。

1.三岁：喜欢和其他孩子相处，合作意识的启蒙期

　　你不用担心，他长到三岁的时候，就很喜欢和其他的孩子交流相处了。虽然他的社会行为还处于不成熟阶段，但他已经很喜欢交朋友了。以前他爱说"我"，现在变成了"我们"，而且他也学会了使用"朋友"这个词。在和孩子们交流的时候，他喜欢说："我也一样。"在幼儿园（或托儿所）里，我们常常会看到三岁的孩子开始主动与老师或者其他的小朋友交谈和游戏（见图二）。

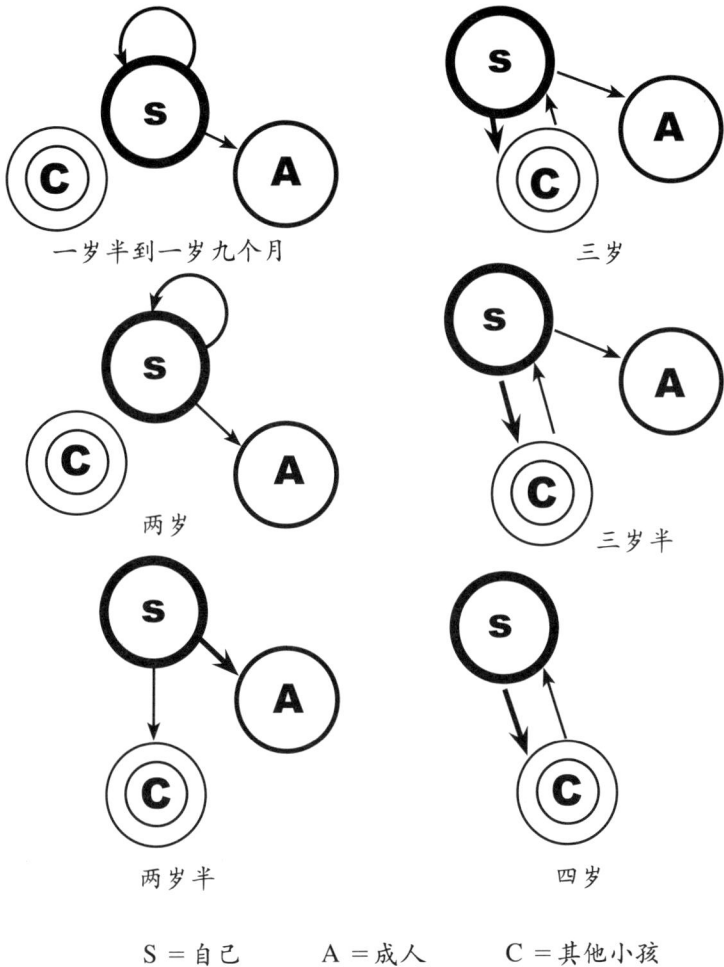

一岁半到一岁九个月

三岁

两岁

三岁半

两岁半

四岁

S = 自己　　　A = 成人　　　C = 其他小孩

──────▶　代表最常交谈对象

──────▶　代表一般交谈对象

图二　孩子和他人交谈的情形

❖ 平等地互动游戏

他们在做互动游戏的时候，关系是平等的。换句话说，孩子到了三岁的时候，已经是在真正地和别人玩了，成了真正的参与者，而不再是个旁观者。他开始懂得和别人分享他的玩具，不再像两岁的时候那么自私。有的三岁孩子还会模仿老师对他曾经用过的小技巧呢！比如，当别的小朋友要玩他的玩具时，他会说："那件玩具也很好玩，你去玩那件吧！"

他不再想着所有的东西都是属于自己的，他明白"这件玩具是别人的"这个事实。

事实上，我们经常能够听到三岁的孩子这样的对话："这辆小汽车是我的。"

"哦，原来是你的啊！"

也可能他会说：

"把你的借我玩一会儿，我的借你玩儿，咱们交换，行不行？"

❖ 权威人物可以对他产生影响

在三岁孩子的世界里，一些权威人物已经可以对他产生一定的影响了。比如，两个小朋友的共同朋友或者在班里很有领导力的小朋友，就可以起到老师的作用，解决一些小争吵了。有的孩子还学会了有礼貌地征询别人的意见。如："我们一起玩，好吗？""你的这个玩具让我玩一会儿，好吗？"

❖ 不再凡事以自我为中心

三岁的孩子已经不再万事以自己为中心，已经注意并开始理解别人的感受与看法。针对这点，当孩子与别人产生纠纷发生争吵的时候，你可以告诉他别人的想法和感受。如果是两岁半的孩子，这点是绝对没有作用的。

❖ 有喜恶选择

孩子有了喜恶选择。他开始有了自己特别喜欢的小朋友，他会很喜欢并期待和这个朋友一起玩儿。

❖ 交流互动增强

和两岁半的时候相比，孩子们之间的交流互动也有了本质的不同。他们之间可能会发生很多的故事，有些你可能从来都没有想到过。即便是相同的一个游戏，也会让你有完全不同的感受。比如，有的三岁孩子会在教室里漫无目的地走动，好像找不到合适的玩伴一样。也有的还是喜欢自己一个人静静地玩洋娃娃和黏土。有的孩子则喜欢跟在大人后面，说说这，说说那，或者找机会给大人"帮忙"。当然，也有的和别的小朋友玩得很起劲。他们可能几个孩子聚在一起，搭积木，过家家，高兴地笑着、叫着。

也就是说，在幼儿园的同一间教室里，你可能看到三岁孩子不同的玩法：自己安静地玩游戏，跟在大人后面玩，和几个人一起玩。

三岁的孩子彼此之间的互动情形会很快改变。有的孩子最初给你的感觉可能是有些个性，不容易和别的孩子玩到一起，但其实他们很喜欢和大家在一个空间里游戏。在幼儿园，你很少看到一个三岁的孩子远离人群自己一个人玩。当然，孩子在团体中游戏，其统一性和持久性保持的时间也很短。你现在看到他在这个团体里搭积木，可能一会儿他就会去另一个团体玩过家家。

三岁的孩子，受本身成熟度的影响，他的行为也会一会儿就发生改变。比如，本来几个孩子在一起高兴地搭积木，可突然间就可能吵起来，或者你会听到其中有一个大声哭喊："这个积木是我的！"

❖ 喜欢和大人一起

其实，三岁的孩子仍然喜欢跟大人在一起，因为这样他们会感觉很轻松。和大人在一起时，他们可以放松地交谈，而且请求大人帮助也很容易。可是与同龄的孩子在一起，就有些不自在了。大人们不会和他打架，和小朋友一起可就没准了，吵闹会经常发生。

❖ 和谁活动比活动本身更重要

孩子到了三岁，感兴趣的不再是活动本身，而是和谁在一起玩。他会注意别的小朋友怎么玩黏土，还有的会把自己的作品拿给同伴看，而不是像以前只想让老师看。这当中偶尔也有人还是喜欢独来独往，我行我素。有的孩子已经可以和同伴和睦相处，让游戏在和谐的氛围中持续很长时间。男孩与女孩之间也能玩得很好。他们的社会性逐渐成熟，能够分享玩具，轮流使用玩具。有小朋友要拿他的画笔，他会说:"等一会儿我就画完了。"玩玩具车的时候，也学会了调整自己的方向，从别人的车子旁边绕开。

❖ 学会使用技巧达到目的

仔细观察你会发现，有时候当他要拿别人的玩具，而对方不同意的时候，他不再像以前那样哭闹着坚持。三岁的孩子和别人相处能力比两岁半的时候有了很大提高，不再有很强的攻击性和防卫性。他们会想出和平解决问题的办法，而不是像以前那样哭闹争吵。他学会了使用技巧来达到目的，也不再固执己见。所以，三岁的孩子间发生了矛盾是不难解决的。

三岁的孩子更乐于和伙伴友善地交流。他们以日常生活和游戏为内容，有讲不完的话题："假装这个是一只船！""你学小狗，汪汪叫！""我们吃蛋糕吧！"许多孩子从三岁开始主动地和别人交流，有的甚至能通过交流很好地完成一件事。他们能够拒绝别人的要求，能够给予别人许诺，还能和他人交换东西，或者在玩儿过家家的游戏时，还会告诉别人他还是小宝宝时的一些事情！

❖ 团体意识和合作意识的启蒙期

有时会有四五个孩子聚在一起玩游戏，但事实证明，"两个人的组合"一般是最理想的。超过两个人的团体，经常会发生一些吵闹现象。两个人因为再也没有别的玩伴，反而会减少彼此间的争执。如果只有两个人，而且各自玩不同的游戏，相信那会是最安静最和谐的场面。

三岁孩子和四岁孩子相比较，其合作充其量只算是启蒙期。这时候虽然表面上他们在一起玩，可是游戏没有什么实质性内容。比如，他们玩卖东西的游戏时，会都站在装扮的"店"里，表示他们都是老板，可是却不会有人来充当顾客的角色使游戏具体化。由此可以看出，他们只是摆出了一个游戏的场面，而没有实质性的活动。

三岁的孩子和两岁半时比较，要温和一些，但还是对别人有排斥心理。到了三岁半的时候，这种情况会更加厉害。不仅仅是语言，在行为上三岁半的孩子也表现得很强硬。不过你放心，这种情况持续时间不会很长。三岁的孩子会表现出一副"老大"的派头，以此来排斥别人。当然，这种姿态很容易软下来，而被排斥的孩子，先是会坚持一阵子，然后就会向大人"求救"。这段时间，孩子们常常是试探性地接触。他们喜欢观察别人，不管是"朋友"还是"敌人"。

这个阶段他常常会不自觉地影响或者干预别的孩子的行为，特别是身体上的动作很有代表性。比如把不喜欢的人从自己的椅子上强行拉下来，或对别人大喊："不许动我的东西！走开！"当然，偶尔也会表现得很友善，比如："走，我们去那边玩！"

2. 三岁半：孩子对同伴感兴趣，父母注意引导他避免受排斥

三岁半的孩子，他们已经很少独立游戏了。一般的时候，他们会三三两两地合作玩游戏。如果教室里有很多人，他们玩得也会持久复杂一点。他们可能只是分成两三个小组，不过，人员流动却是很快的。

三岁半的孩子对别人的言行很感兴趣，同时也很喜欢别人。比如，在玩游戏的时候，他们不再像以前那么吵吵闹闹，也不会总争抢同一件玩具；他们开始用欣赏的眼光来看待别人，开始接受别人的意见和看法。

他们在一起玩游戏时，会互相用"商量"的语气交流，比如："我可以玩一会儿这个东西吗？""你是要我这样做

吗？""你别那样做！""我们可以在一起玩积木吗？"从这里可以看出，无论是在一起谈话、玩过家家，或者是在玩游戏时受到挫折，他们都对各种活动、玩具和朋友有很浓厚的兴趣。

和女孩相比，男孩子显得比较调皮，喜欢装模作样地搞恶作剧。有时候，你会看到一个男孩子故意四处乱跑，引得其他孩子对他大笑，甚至还会起哄。而女孩子当中，如果小团体里某位小朋友做得不是很好，或者不能很好地和其他人合作，那这个游戏不久就会结束。

❖ 开始对活动有所规划，喜欢玩即兴游戏和想象游戏

他们已经开始对活动的内容进行预先规划，比如把孩子们分成两组，一组画画，一组去玩黏土。不过，三岁半的孩子大多数玩的还是即兴游戏和想象游戏。

三岁半的孩子不但喜欢玩泥土、绘画或骑脚踏车，还很喜欢在一起玩想象的表演游戏。比如，他们一起搭积木、玩过家家，能玩儿很长时间。大部分孩子能用简单的语言来描述自己所扮演的角色，比如："我是做老板的。""我当警察，

负责指挥交通。"他们的表演越来越精彩了，不仅仅有肢体动作，而且还有简单的台词。玩这样的游戏，他们会感到非常快乐。仔细观察你会发现，很多时候他们的台词比动作还要多呢。比如，一群孩子正玩动物园里动物的游戏，他们会扮演各种不同的动物角色，可能一人同时要扮演几种角色。他们会把动物园里游客的多少、动物们的动作都叙述得很清楚。可你看他，只是蹲在地上，并没有如他说的那样在表演。

不过，男孩和女孩还是不同的，男孩也许更善于"演"，而不只是单纯地"说"。比如，一群男孩会在积木搭成的救火车旁跳来跳去，嘴里还会模仿汽笛的声音。

❖ 注重朋友，家长和老师要注意出面巧妙避免孩子受排斥

孩子到了三岁半，比三岁时，更注重朋友。但即便如此，除了非常"要好"的小伙伴外，他的朋友一般不固定，换朋友对他们来说是很普遍的一件事。

这可能与他们对"朋友"的定义有关。在他们看来，"朋友"就是"游戏时的玩伴"。一旦游戏的地点或一起玩的伙伴变了，朋友也就变了。因此，你经常会听到他们说这样的

话："不要跟他玩！""我不喜欢和你玩！""我才不要跟你玩呢！"这些话感觉像是用否定的语言方式来强调谁是自己"一起玩的人"。在两岁到两岁半的时候，孩子们是因为成熟度不够才不在一起玩；而现在，如果只有一个小孩孤单单地自己一个人玩，很可能是由于大家都在因为什么而排斥他。

一般情况下，老师或者家长是会出面阻止这种排斥行为的，比如可以通过做游戏的办法把孩子们拉拢在一起。如让被排斥的这个小朋友来扮演某种角色："他现在是邮差，来给大家送信了！""他来给大家送牛奶了，大家快来谢谢他。""大家看，外婆来看大家了！"通过这种正确细心的引导，就可以有效地避免团体中有人遭到排斥。值得注意的是，我们千万不要责备那些排斥他人的孩子，因为毕竟他也生活在这个团体里，谁都愿意受到团体的欢迎和接纳。

这个年龄段的孩子，由原来对"东西"感兴趣转为对"朋友"感兴趣，或者说由"物"转到"人"。所以，在因为玩具而发生争执和分歧的时候，他们自己已经可以通过"等待""轮流"或"代替物"来把问题解决掉。要注意的是，孩子对一种游戏渐渐失去兴趣或感到无聊的时候，老师或者家长应该帮助他们一下。研究表明，三岁半的孩子对小朋友感兴趣的程度开始大于对老师或者大人感兴趣的程度。

3. 和兄弟姐妹的关系：
化解冲突全靠父母

　　三岁的孩子一般对别人都很友善，对家里的哥哥姐姐是这样，对外面的小朋友也一样，他们都可以和别人和睦融洽地相处。过了半年之后，他们变得有些霸道，一般不会向人妥协。如果是与家里的兄弟姐妹相处，那就要根据实际的家庭状况和孩子的个性而定了。

　　如果他是家中的独子，享受惯了家人的呵护和宠爱，而在他三岁的时候，妈妈又生了小弟弟或者小妹妹，那他会对小娃娃相当排斥。他可能会说："把小宝宝扔了。"当然也有一些孩子，对小娃娃十分照顾和爱护。当然，这离不开大人的适当观察和引导。妈妈应该密切注视他的行为举动，免得孩子之间发生冲突。如果他情绪很好，那一般会跟家里的人融洽相处。但是如果情绪不好，你们之间就难免会发生一场战争了。

不管你的孩子几岁，你对他的细心关注都是解决生活中诸多问题的关键。你要仔细观察在什么时候、什么情况下，小朋友之间最容易发生冲突，然后你要尽量减少冲突发生的频率。你应该特别注意的是，一定要让孩子有合适的方式发泄，让他的情绪得到释放和满足。当然，这些需要你灵活掌握，合理运用，毕竟每个孩子都是唯一的。如果你做得很好，相信他不会总吵架；不然的话，孩子吵架就成了家常便饭。

3

Chapter

让孩子不再和你对着干——

与三岁孩子相处的技巧

教育三岁的孩子并没有什么捷径，你只要跟其他家长一样，表现出你足够的细心、耐性，并且掌握一般常识，就可以跟孩子和平相处。可是，这一切会在孩子三岁半的时候变得大不相同。但你必须记住一点，孩子的一些反常表现，也许恰恰是在告诉你他需要帮助。

1. 了解与接纳他的两大技巧

怎样做才能让你更好地了解孩子，并接纳孩子呢？

❖ 雇个保姆来缓和你和孩子的关系

我们必须承认一个现实，在这个时期，当遇到麻烦事的时候，他第一个想起来的倾诉或宣泄情绪的对象，就是他的妈妈。

孩子想要打败比自己厉害的人，首先要征服的对象就是妈妈。孩子与妈妈的关系总是会走到极端，要么特别好，要么特别坏。这一点在孩子四岁的时候表现得最为明显。

在这个阶段，最行之有效的办法就是雇个保姆来缓和你和孩子的关系。之前我们就有提到过，当你看到一个在带孩子上完全没有经验的高中学生，竟然能轻而易举地让你的孩子安安静静吃完一顿饭，或者愉快地洗完澡，你可能会很生气，但是，这种情况真的有可能发生。

这是什么原因呢？这是因为保姆并不会强迫孩子必须在那个时间上床睡觉，或者保姆不会特别关心今天孩子穿的衣服是不是能完全御寒。三岁半的小孩子只和他的母亲对着干，因为他觉得这才是他的敌人。这样说，母亲们都觉得太恐怖而不敢相信吧，但事实确实如此。

当你把孩子交给保姆后，最好就不要再出现在他面前。比如保姆带他出去玩或者哄他睡觉的时候，你要管住自己的好奇心，不要总想再"看看"他。因为孩子只要一看到你，那些不安分的细胞就又开始活跃了。

也正是因为这个阶段的孩子总喜欢跟母亲对着干，所以把他送到幼儿园不失为一个好办法。在托儿所或者幼儿园里，他不光可以跟别人家的孩子一起玩耍、学习，还能在集体里养成互相帮助、互相团结等良好的品德。每个星期送他去几天托儿所，不光可以让家长轻松很多，还可能会让孩子因为分开而产生对妈妈的依赖感，从而使他与你相处的时候不再那么无理取闹。

❖ 保证你有大量时间陪孩子

事实上，跟孩子和平相处，并且尽可能成为朋友是一个不错的建议，这个方法对于任何年龄段的孩子都适用。如果你做到了这一点，他就会很高兴地接受你提出的其他要求。这就要求你经常告诉他，他是你最亲爱的宝贝，你很爱他，他是天底下最听话的小孩。当然，你可以通过很多方法让他知道这一点，比如时不时通过亲昵的肢体语言表达你的喜爱，像轻轻的拥抱、亲吻之类。你要记住，心与心的交流对于孩子来说是非常重要的。

站在孩子的角度来说，实际上他也是非常爱你的。他能很清楚地感受到"喜欢"跟"爱"的区别，而三岁到三岁半是对"爱""喜欢"这两个概念认知的过渡时期。一个三岁半的孩子对他的老师说："我爱你的头发。"老师回答说："谢谢你喜欢我的发型。"孩子却会着急地喊："不对，不是喜欢，我是爱你的发型。"

2. 让生活轻松快乐的
十三个技巧

　　三岁的孩子已经很喜欢聊天了，虽然他讲的话题不会像几年以后那么生动而吸引人，但是我们仍然可以很愉快地跟这个阶段的孩子谈话。

❖ 如果他不喜欢，尽量少带他上街或者去
别人家

　　如果你带孩子出门或者去别人家的时候，他总是很淘气而且不安分，那你最好避免带他上街或者做客。因为跟四岁大的孩子相比，这个年龄段的孩子还是留在家里更好一些。

❖ 制订一个严密的计划

如果你以前没有管教小孩的经验，我建议你还是做一个严密周详的计划比较好。这样等出现状况的时候，不至于让你手忙脚乱。要知道，在教育孩子上，"临时抱佛脚"可不是一种好方法。

曾经有一个小姑娘，把她父母折腾得很是头疼。她每天都很早起床，并且要求大人一定得陪她玩耍。她的爸妈无奈之余想出来一个应对的方法，他们每天都会提前放点好吃的或者好玩的在女儿的床边，如果她可以自己玩一会儿而不是去打扰父母休息，那第二天就会获得更多的奖励。

自从有了这个点子，小女孩的父母终于不再那样心力交瘁了。有意思的是，过了一段时期之后，小姑娘主动要求爸爸妈妈不要总是每天早上都给她葡萄干和饼干了，她想要点别的食物。

❖ 学会让电视机帮你的忙

有一点需要注意的是，千万不要忽视电视机的作用。如果对这个"助手"运用得当，可能会达到让你意想不到的目的。

❖ 让孩子独立吃饭

如果喂孩子吃饭每天都让你困扰不已，而且又没有人帮你的忙，那你只需要给他准备好食物，就不用再操心了；要不然你盯着他吃饭，可能会被气得半死。

❖ 试着转移他的注意力

如果孩子不按照你的意愿穿脱衣服，那么就由他去吧，让他以自己的心思来装扮自己，也许他就想做一个把外套穿在睡衣里面的超人呢。你需要做的，就是在给他穿衣服时跟他聊聊天，试着转移他的注意力。

❖ 尽量不要跟孩子发脾气，试着用温柔的态度去引导孩子

我们之前提到过，孩子有他很脆弱的一面。无论是小男孩还是小女孩，天生就会对很多事物感到害怕，其中最具代表性的就是黑暗、动物和长相有些特殊的人。家长不要对孩子的这种反应过于敏感，当然也不要逼迫他去面对这些恐惧。

这么大的孩子，还会对不完整、有残缺、有破损的东西感到不安。你常会听到他们说"破了"或者"坏了"。所以"修好"在他们的字典里就变成了一个很重要的词语。为他买玩具时，要选择那些质量好寿命长的。另外，如果玩具坏了，爸爸应该尽快把它修好。

此外，身体上的不健全（比如缠有纱布的手臂）也会对他造成视觉冲击，让他感到害怕。更有甚者，他生日时你把完整的生日蛋糕切开，他都可能会号啕大哭一场，使生日的欢乐气氛被破坏殆尽。不过，他很快就能破涕为笑，帮你重拾欢乐气氛，这还要归功于他丰富的想象力。当他看着被他咬得千奇百怪的蛋糕的时候，他会想象那是一头大象、一只猴子或者一艘船。

如果这些害怕、恐惧感和不安会让三岁半的孩子很难承受，那你就要用平和的态度来舒缓他的这些情绪。要是他不敢一个人在院子里玩，你可以留下来陪他。要是他不敢一个人走下楼梯，你可以拉着他的手和他一起下。至于那些让他恐惧的事物，你可以借此编首儿歌，用愉快的声音唱给他听。如果他知道还有一个人和他一样感觉到不安，他就会放松很多。

到了四岁时，这种情况就会有所好转。他会变得很好强，也不再惧怕什么事物。你应当利用这个时机，鼓励他勇敢起来。

❖ 灵活处理孩子在行为上的倒退

很多孩子从两岁半到三岁这段时间里，都会有很多退化行为产生。比如，他们开始怀念自己总在父母怀里的日子，所以常常要大人抱着。因此，有经验的妈妈在带孩子出门时，会推着娃娃车（这时候的孩子已经有十七千克重了，总是抱着会很吃不消的）。他有可能很不愿意去坐，不过如果你把他感兴趣的毛绒玩具也放到车上的话，他或许就不会那么抵触了。如果运气好的话，在回家的路上，他还可能主动要求和这些玩具一起坐娃娃车呢!

❖ 如果他不喜欢走路，就让他在家里玩

孩子在三岁大的时候，可能是最"百毒不侵"的时候，你的威逼利诱对他可是起不到一点儿作用。即使在大街上，只要他不想走了，就绝不会再移动半步。

如果他不喜欢走路，那你最好让他在家里玩，甚至可以

带他做一些家务，像打果泥、榨果汁、包饺子、做汤圆这类活动，他既能从中体会到乐趣，又能吃到可口的食物，这会令他非常放松而开心的。而且在不久以后，你还可以和孩子一起享受散步逛街的美好时光。

你要让孩子知道，即使待在家里，也不会过得枯燥无味。你可以唱自己创作的歌谣给他听，告诉他：两岁时，他喜欢在马路沿上行走；三岁时，他留在厨房做妈妈的助手；四岁时，他热衷于去外面玩耍。相信过不了多久，孩子就会自己提出要出门逛街、散步了。

当然，一个有经验的妈妈是可以很轻松地处理孩子无理取闹的问题的。有这样一位妈妈，她的孩子三岁十个月，正是向往奥特曼的年龄。当孩子在路上不肯走的时候，她就给孩子披上一件外套，同时告诉他，家里正放着一包又甜又脆的饼干，等着小怪兽来吃。

❖ 让他努力成为别人的榜样

孩子三岁时，肢体及协调能力还都没有发展得很好。因此，当你看到孩子的手指还不能自由活动时，你要尽量帮帮他，千万不要拉着他的手强迫他做好。

如果孩子假想自己有个朋友，那你就趁机告诉他，只有自己努力去做，才能成为"朋友"的榜样。有的时候，他也会把自己假想为一只小狗或者小猫，这时你就更得好好想想，怎样才能让这只"小狗"或"小猫"去做那些你想他做而他自己却不乐意的事情。同时，我们也可以跟宝贝开开小玩笑，比如说洗澡的时候，你就可以说："喂，小狗狗，请甩甩你头上的水！"或者是："小猫咪，把你的小爪子给我！"

❖ 少用责备、负面的词语和孩子沟通

如果你的孩子在三岁大的时候，还在吃手指头或者抱着小棉被不撒手，你千万不要强迫他改掉这些小毛病，因为这些小毛病可以帮他暂时缓解情绪。

跟孩子两岁时一样，你得想一些管好孩子的技巧。当然，不一定非得板着脸才能达到教育孩子的目的。最理想的状态是，你能运用一些技巧与孩子和平愉快地度过每一天。因此，我们在这里建议你尽量少使用那些责备、负面的字眼，因为那样很容易让孩子感觉到没有面子或者产生尴尬的情绪。你可以多说一些鼓励孩子的话，如"可不可以……""跟我一起……""我相信你可以……"，等等。这种

尊重孩子，让他自己做出选择的方法，会让他感到非常欣喜，从而乐意与你配合。

同时，不要被孩子的"我讨厌你""我爱你"等口头禅影响情绪，即使让他发觉这些话可以瞬间改变你的心情，你还是要坚持自己的原则，不能让他得逞。

❖ 适度引导他的需要

三岁半的孩子区别于其他年龄段孩子的表现是，他十分鲁莽，有时甚至不能控制自己，经常横冲直撞地搞破坏。这时候，家长需要采取一些方法正确引导他的行为。比如要上楼时，你可以对他说："我们比比看，看谁先到楼上。"

同时，这个"引导"也要掌握在适度的基础上，不然，反效果产生的破坏力常常会让你措手不及。当家长或老师熟悉这一点之后，才能及时引导孩子的行为转移他的注意力。举个例子来说，当老师看到孩子们认认真真搭的积木，要被人破坏掉的时候，就要及时转移孩子们的注意力，避免他们因为积木垮下来而瞬间产生失落的情绪。

❖ 运用技巧转移他的注意力

克林可路博士（Dr. Colin Colew）认为"转移注意力"是十分重要的，有时候甚至可以瞬间改变孩子的情绪。如果你死板地跟孩子硬碰硬的话，成功的概率会非常之小；相反，如果你知道怎样转移孩子的注意力，就可以省去很多麻烦，最后达到事半功倍的效果。因此，当你发现孩子有无理取闹的苗头出现时，就要赶紧把他的注意力转移到别的事情上。比如，讲故事、说笑话、唱首歌、念首诗，甚至拿来好吃的逗逗他，都是不错的方法。但是，有一些脾气非常顽固的孩子，一旦他钻起牛角尖来让你又气又恨时，你索性就严肃地告诉他："爸爸妈妈也是有自己忍耐的极限的。"当然，再过半年或一年，孩子的脾气就会好很多。

❖ 妈妈离开前让孩子有心理准备

每个人的个性都是不相同的，因此，懂得"因材施教"就非常重要。也就是说，对不同的孩子，我们要使用不同的技巧。就个性差异来说，有些孩子脾气相对好一些，能与人相处得很好；但也有一些孩子脾气很差，很容易受外界影响而吵闹得不可开交。

就拿家长们常常使用的"警告"这一策略来说吧，有些孩子会因为"警告"而事先有了心理准备，做事情的时候就会有所顾忌；但对有些孩子来说则恰恰相反，"警告"只能使他的情绪更加不稳定，情况更加糟糕。因此，家长事先了解孩子的个性就显得格外重要了。

"让孩子心理有所准备"，往往会牵涉到另外一件事情。比如，是事先告诉孩子你晚上有饭局，并且很自然地与他道别，然后大大方方走出家门？还是事先不告诉孩子，然后晚上偷偷摸摸地溜出去？面对这样的事情，我们是不是要"让孩子有所心理准备"呢？

实际上，三岁半的孩子是离不开妈妈的，只要他们看到妈妈离开，就会哭闹个不停。当然，每个父母都不愿意被孩子的眼泪所控制。我建议，在孩子很害怕失去你的这段时间，你还是少出门为好，毕竟这段时期马上就会过去的。

不管怎样，还是请你记住，时间过得非常快。不管孩子现在多么无理取闹，四岁很快就会到来的。

3. 合理的管教方式

以上我们谈的一些技巧，实际上就是我们管教孩子的一些方法。**管教并不是粗暴的惩罚，管教可以使孩子的日常表现越来越理想，运用技巧是达到目的的最佳方法。**

每个父母管教孩子的方法都是不同的，有的是家长制的权威父母，要求孩子必须按照自己的意愿去做事；有的是溺爱型的放任父母，孩子的任何行为都不加干涉；有的是介于权威型和放纵型之间，对孩子的管教有弹性，既尊重孩子的意愿，也有父母的要求，具体事情上总是引导着孩子，期望孩子的行为符合自己的意愿。

不管你采用什么方法，只要孩子对你的管教不逆反，你就不用费心去惩罚他。当然，每天和孩子在一起，谁也有处埋不当的时候，所以，其乐融融的小家庭中，少不了孩子的哭闹。

基于每个父母和孩子都有不同的个性，所以，处罚孩子的方式也不一样。胆小的孩子特别害怕被关在屋子里，几分钟都会害怕；性情随和的孩子责备几声就可以了；有的孩子担心你拿走他心爱的物品；而性情倔强的孩子就得进行适当的体罚了，打几下屁股是很平常的事。但一些耐受性强的孩子，打屁股也无济于事；而对一些非常敏感、脆弱的孩子来说，打屁股是一件令他非常愤怒的事情。

一些研究孩子行为的学者指出，在日常生活中经常对孩子的好行为进行夸奖强化，而对坏行为加以忽视，就会慢慢消除那些坏行为。这个方法对于一些家长是有一定难度的，如果你觉得行不通，那就多看看幼教方面的书籍资料。

在探索和研究培育孩子的最佳方法的过程中，不光要注意你和孩子的个性因素，还要保证家长在管教态度上的一致性。如果父母双方都不能达成一致意见，孩子就更不会有方向了，这样管教起来也会增加难度；反之，教育孩子会比较轻松。

4. 给父母的提醒

不要对三岁半的孩子有太多的奢望，即使你做得再好，孩子也不会完全按照你的规矩来做事。每天他都会给你出这样或那样的难题，每天他都会和你做一番小的"较量"。下面给大家提几点建议：

（1）把这个年龄段的孩子送去幼儿园或交给保姆管理，不要有内疚感，因为这样可能更有助于孩子成长。

（2）有的孩子仍然有吸吮手指头和喜欢旧物品的习惯，你对此不必担心，慢慢他会改掉的。

（3）小孩子手眼的协调能力还不是很完善，所以有时候他们会突然摔倒或有点口吃，你不用去在意这些，对于三岁半的孩子来说这具有一定的普遍性。

（4）如果你无论如何也不能让他午睡，那就不要强求了，他只要有片刻的小睡或休息就已经足够了。

（5）现在正是孩子语言的熟练期，如果他说得不对，你只需把正确的说一遍即可，千万不要去重复他说的话或试图改正他，他的每一点进步都值得你为他高兴。

（6）不要总逼着孩子吃东西。孩子吃多少饭他自己是非常清楚的，不要要求他每顿饭都吃很多，或强迫他吃你认为该吃的食物。你追着喂三顿，也不如他自己乖乖地吃一顿。

（7）如果孩子现在晚上仍然尿床，你也不用苦恼，因为孩子是有个体差异的，到了五六岁才能完全控制夜间小便的也很正常。

（8）不要老想着早早地教他认字、读书。有时间你还是多给他讲些故事，你可以在他面前多读书看报，用行动去感染他。时间长了，出于好奇，他可能会指着某个字问那是什么。你给他解释一下意思就好了，千万别刻意教他认字。培养阅读的兴趣要看孩子的发展情况。

（9）不要为了让自己的孩子更聪明，而去翻阅那些标榜"提高智力"和"提前智力开发"方面的资料。因为孩子的智力是与生俱来的，我们根本就决定不了。

（10）让孩子的个性自由发展。三四岁的孩子已经显露出了他的独特个性。他们有的外向好动，有的内向喜静；有的善于表现，有的文雅内敛。有的爱好交往，和谁都能玩得来；有的只喜欢和脾气相投的孩子在一起。不管什么性格，父母都不要去强加干涉。

（11）最后，请注意：不要存有要孩子屈服于你的想法，因为大多数孩子都是"顺毛驴"。

4

Chapter

先进后退——

三岁孩子的能力表现

孩子从爬行、慢走、快跑，玩沙土、玩泥巴、画画、堆积木，到与别的孩子做游戏、抢人家的玩具，再到学着自己穿衣服，他的一言一行、一举一动都是"能力"的表现。不同的孩子在能力表现方面会有很大的差异，家长不要因为自己的孩子在某方面表现不如同龄的孩子就过于着急。

本阶段孩子的主要表现

　　不同的孩子在能力表现方面会有很大的差异。有些孩子在两岁时，已经会使用很多词语，能很流利地讲话了；而有些孩子则要到三岁甚至更大些才开始说话。对此你不要着急，每个孩子都有他自己的成长速度。

　　作为家长，不要把关注点过分投入到孩子的智力方面。著名的儿童教育研究专家阿诺·格塞尔博士曾经说过："人类的智力是可以自我说明的。"智力不是作为个体存在的，它是人整体的一部分。通过孩子的言谈举止，我们就可以发现他的"心智状况"。

孩子从爬行、慢走、快跑，玩沙土、玩泥巴、画画、堆积木，到与别的孩子做游戏、抢人家的玩具，再到学着自己穿衣服，他的一言一行、一举一动都是"能力"的表现。

到三四岁的时候，家长没有必要为了证明孩子"脑子没有问题"而刻意去教他识字或算术，尤其不要对所谓的"认知发展"这个已经被滥用的名词太过于在意。

如果孩子有不错的发展潜力，在一个丰富而温馨的锻炼环境之下，你只要给予他足够的关爱与支持，他的能力便会自然而然地发挥出来。因此，在孩子三四岁的时候，建议家长不要为了他的"能力表现"而着急。你要做的是耐心地观察，看他是否具备了与同龄孩子相似的基本能力。

下面介绍的是三岁左右的孩子在各方面表现的基本能力，对照一下自己的孩子，即使他还没有做到这些事情，也不要着急。

1. 三岁到三岁半：
各方面进步很快

❖ 动作方面：能很好控制自己的四肢活动

到三岁时，孩子看上去不再有头重脚轻的感觉了。他可以轻松地站起身来，很自然地把膝盖并拢，很好地控制身体的平衡。这时的他在走路时，不再需要用胳膊来平衡身体，而且学会了自然地摆动双臂，能自如行走了。

有少部分孩子在刚满三岁时，看上去膝盖仍然不能伸直，等再过一段时间，这样的情况便会自然消失。他的双肩会比之前更加直挺，也学会了把腹部收缩起来。三岁孩子动作发展的正常与否，从他走路的速度和稳定性上便可以很清晰地判断出来。

三岁的孩子不会像小时候那么喜欢爬楼梯，因为现在的他已经可以一步一个台阶地上楼了（下楼梯基本上还是不行的）。在下楼梯时，他常会在走到最后一个台阶的时候，从上边跳下来。这时他已经开始对自行车感兴趣，并且已经能骑得非常好了。他的平衡能力也已经开始增强，大部分的三岁孩子都能够单腿站立一小会儿了。

三岁的孩子还不懂得控制自己的兴奋度，时常会玩得开心过头。他有时会在蹲着的时候突然站起来，有时会随着音乐的节奏疯狂地跳动起来。在幼儿园里，三岁的孩子喜欢溜滑梯，喜欢在有斜坡的地方爬上爬下。这个岁数的孩子，不管男孩还是女孩，都能够从这种又跑又跳的体育活动中感受到很多乐趣。

三岁的孩子会很好地控制自己的四肢活动，除了会跑、会跳之外，他还可以笔直地向前走，也学会了倒着向后走。他可以伸开双臂，去接住传过来的大球；也会用力把球扔出去，而保持身体不失去平衡。

三岁的孩子已经掌握了成熟、稳定的运动能力，他可以做出好多"花样动作"，可他实际做"动作"的时间并不多。

如果你带着他到外面去玩儿，他虽然对目的地有些印象，但一路上仍然喜欢去爬爬路边的台阶，或是去路边的小花园里绕个圈儿，总之不会去走"寻常路"。但比起之前，他在路上"浪费"的时间要少多了。

有人曾经在幼儿园里做过实验，在七分钟的时间里，三岁的孩子基本上都会用三四分钟的时间玩一到两种游戏，而不像两岁之前那样在屋子里漫无目的地闲逛。这说明三岁孩子对"运动"的欲望是比较强烈的；同时，由于专注力有了很大的提高，他已经不再像以前那样胡乱跑跳了（见图三）。

❖ 视觉方面：有调节视线的能力

三岁孩子眼中的世界比以前要平静一些，他对自己的所见所闻都有了一定的印象，甚至可以用语言描述出来。他已经有了调整视线的能力，当从远处走到近处时，他也会很清楚地知道那是同一景物，而不会混淆。这时"人"对他已经越来越重要，他开始懂得观察人的情绪反应了。

"手"扮演的角色已经不再受视觉的控制，变得更加直接而重要了。他在玩积木时，会先仔细地观察一下，在摆好一个造型之后，他便会对比一下实物与图片的差距。

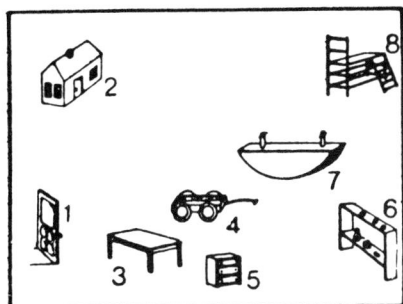

各个学习角的摆设

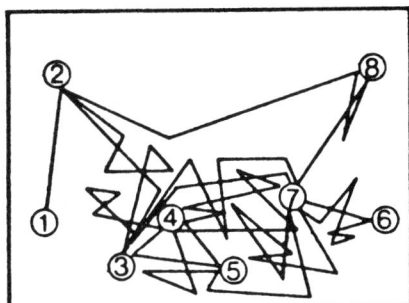

一岁半

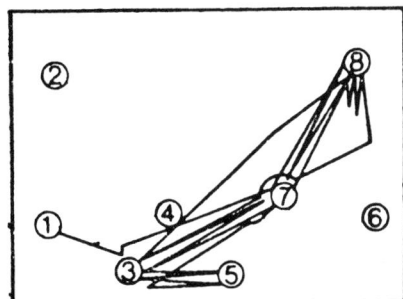

两岁

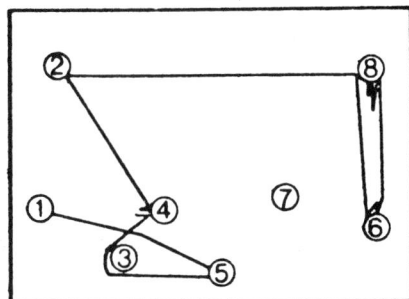

两岁半

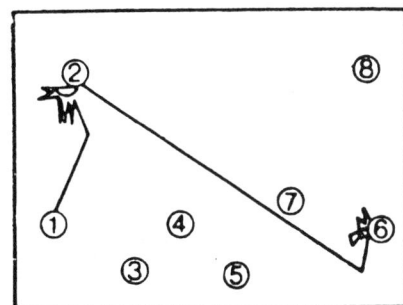

三岁

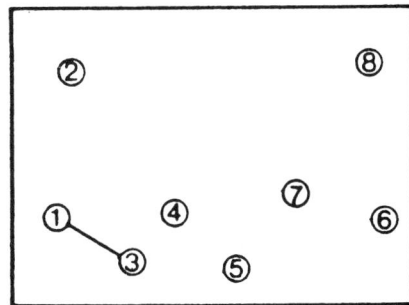

三岁半

图三　不同年龄阶段的孩子在幼儿园七分钟活动的情形

做户外活动时，他对有特点的建筑会更加注意，方向感也开始慢慢形成。三岁的孩子很多时候会把特定的人与特定的地方联想在一起记忆。当他在超市遇到老师时，就会产生疑惑，因为他的印象里老师就应该在幼儿园里出现，他不明白为什么会在超市里见到老师。有的孩子见到与自己坐的汽车同一个方向行驶的汽车时，会以为它们都是跟自己去同一个地方的。

三岁的孩子非常喜欢幼儿园。他爱玩操场上的滑梯，爱玩教室里的积木，也爱在操场上玩沙土和泥巴。他总是想要把玩具或书本装在一起。他喜欢看带图画的书，尤其是汽车、火车、卡通形象一类的书，但有些孩子对图画书并没有什么兴趣。有的孩子会把他见到的东西清晰地叙述出来，有些孩子还不能很好地做到这一点。

三岁的孩子已经可以让视线随着物体的移动而移动。在画画儿的时候，他已经可以把水彩漂亮地画在纸上，而不会搞得满桌子都是污迹。这是由于随着视觉的发育与成熟，他对界限的概念已经很清晰。在眼科体检时，他会很好地配合大夫的工作，会大声说出视力表上各个符号的方向。如果你感觉他的眼睛有问题，就要早去医院做相应的检查。

❖ 协调适应方面：会模仿和配合，动作灵巧

在三岁的孩子爱玩的游戏里，会有一些需要手眼配合来完成的。比如搭积木的游戏，当他用九块积木完成一个模型时，需要用手来帮助模型保持稳定。他也能模仿示范用三块积木搭成"品"字形桥。六个月后，他便开始尝试用十块积木来搭建一座高塔了；而再搭"品"字形桥时，他就不再需要模仿示范了。

三岁的孩子有模仿画图的能力。你给他一张画着小猫的画，他会学着画一只小猫，尽管并不是很像。你给他一张只画着头的小猫，他也能帮你把小猫的身子画出来。

现在，他小肌肉的发展也随之提高了他双手的抓握能力。那一双小手，轻而易举就能抓起东西来。使用画笔的时候，他会用大拇指握着笔的一端，其余的手指握着笔的另一端。虽然只是在纸上胡乱涂抹，但拿笔的样子真有点小大人的劲头呢！即便动作看上去有些笨重，但与以前用整个手臂写字来比，已经进步很大了。有时候，他会用自己不常用的手拿东西，但一会儿就会换到惯用的那只手上来。

如果你给他三块不同形状的积木，如圆形、三角形和四方形，让他对着三个形状的泡沫板放进去，他会毫不费力地

完成任务。但是，如果你更改了泡沫板的方向，他最初有可能会放错，但很快就会加以改正，并顺利地完成任务。

三岁孩子双手的动作已经很灵巧了，他能一个人吃饭，而不会把饭洒得到处都是；他能拿起水壶，把水倒进杯子里；他能独自脱下裤子，解开扣子，但扣扣子对他来说还有一定难度；他自己穿鞋带的时候，常常会用小手用力拉，结果整个带子都会被他抽出来。

❖ 游戏方面：能发挥想象力，要多带他到户外玩

三岁的孩子手指的抓握能力日渐灵活，但他还是比较喜欢玩"大件"的玩具。他喜欢大型积木，把积木堆得高高的，想象那是真正的建筑物，并给它起个响亮的名字。他还会把积木与玩具车、布娃娃等搭配到一起玩儿，让布娃娃坐在汽车上经过积木搭成的建筑旁……他还会发挥自己的想象力，把自己假想成游戏中的人物，想象自己在积木搭成的建筑中穿行。

三岁的孩子仍然喜欢玩沙土、玩泥巴；在玩泥巴时，不再简单地揉成一个泥团或是泥球，而是会做成蛋糕、汽车等

他喜欢的东西的样子，并且越做越像了。他不但喜欢玩的过程，对做出来的作品也很享受。孩子对"水"有天然的亲近感，有水的东西都会受他的欢迎。他会爱吹肥皂泡、帮妈妈洗衣服、在水盆里玩纸船，或者干脆就是泼水玩。

三岁的孩子不再局限于某一种玩具的组合，他会把各种玩具凑到一起玩儿。他对部分与整体的关系逐渐有了理解。因此，拼图游戏、拼装玩具、大型积木都是可以令他着迷的东西。

三岁的孩子还会用手指来画画，但水彩笔、颜料棒已经开始引起他的兴趣了。他画的画儿比以前更有规律和节奏，越来越像他想要表达的东西，甚至会画一些简单的东西出来。他的图画作品，虽然除了有简单的线条和色彩之外，在构图等方面毫无章法，但已经足够他自我满足了。他会很享受自己的作品，并对其有着强烈的占有欲。他不愿意与别人用同一张纸，甚至是用一个盒子里的水彩笔或颜料棒，他潜意识当中不希望自己的作品与别人有关。

在玩布娃娃游戏时，三岁的孩子会加入更多的想象力。以前的时候，他把布娃娃抱到床上，盖上被子就已经完成游戏了；而现在，他开始学会过家家了。他会假装做饭、喂布娃娃吃饭，把布娃娃抱在怀里哄着睡觉，甚至想象布娃娃生病了，给它打针。

生活中所见到的任何活动都可能成为三岁孩子游戏时所模仿的样本，他们甚至会安排或自发地认领自己喜欢的角色来扮演。这个阶段，戏剧化的游戏和着装的游戏已渐渐多了起来（六个月之后会更加丰富），这种现象也同时降低了孩子对体能发展的要求。

但这并不代表三岁的孩子不喜欢户外运动了，户外活动仍然非常受他们的欢迎。好动的男孩要比好静的女孩更加喜欢在户外玩儿。有的孩子甚至在外面玩一整天也不厌烦，而有的孩子一遇到天气不好，就不那么想在外面玩儿了。

如果你家里有个院子，或是小区里有个小广场，那么给孩子准备一个简单的滑梯或是攀爬架，或者是一片可以挖土的土地，就足够让他玩上很长时间了。当然，如果有条件的话，带着孩子到海滩、草原上去玩，会更容易满足他的兴趣。

❖ 阅读方面：对交通工具、动物等充满兴趣，父母最好每晚都给他讲故事

虽然很享受各种室内、室外的游戏，但书本仍然是三岁

孩子非常重要的快乐源泉。在这个时期，孩子的倾听力和专注力都有所增强，他们对与日常生活相关的故事仍然还感兴趣，但同时对更多领域的事物增加了好奇心。他们想知道大海边是什么样的，农场里的动物怎么生活；除常见的自行车、汽车之外的交通工具是怎么行动的，四季是如何变化的，大自然里各种各样的奇妙现象是如何产生的；等等（这些故事当中，动物的故事是最能吸引他们的）。

当然，这也不完全是好事情，当遇到他非常喜欢的故事时，他常常会要求你一遍又一遍地给他讲，而他一点儿都不觉得厌倦，直到他能把故事的每一句话记住为止。在读故事的过程中，哪怕你读错了一两个字，或是少念了一句话，他都会打断你，指出你的错误。他自己可以翻图画书，欣赏自己喜欢的故事，父母也不要忘了每晚讲故事给他听，这个过程对孩子来说是非常享受和幸福的。

三岁的孩子已经可以猜一些简单的谜语，也可以欣赏相对复杂一些的图画。当遇到他喜欢的人时，他会很乐于把自己喜欢的故事同大家分享，甚至当他一个人的时候，他也经常拿起书自己读给自己听。

❖ 音乐方面：喜欢唱歌并随节奏跑、跳

不管几岁，孩子对音乐都是非常喜欢的。在三岁这个年龄段，他们还不喜欢自己唱歌，但当他们听到别人唱歌时，便会非常愿意随着大家合唱。他还喜欢跟大家一起随着音乐的节奏跑、跳。而有些内向或是观察型的孩子，则只会站在一旁认真地观察，把大家的活动记在心里，等回家之后，便独自一人在房间里偷偷地又唱又跳，快乐地享受这一过程。

❖ 金钱概念方面：对所有权有明确概念，对金钱也有认识

三岁的孩子已经对所有权有了相当明确的概念，他对属于自己的物品非常在意。当他有新衣服后，会喜欢穿上在别人面前炫耀。而同时，有的孩子却已经懂得分享自己的玩具了（或者至少不像以前那样死守着不放）。

大部分的孩子在这个时候已经对金钱有了一些认识，有的孩子开始把零钱放到储蓄罐里了。但他们还不能理解"价钱"这个概念，他们对金钱并没有快感，在做游戏时，用纸片做的"假钱"在他们看来与真钱并没有什么区别，同样具有乐趣。

❖ 电视方面：适当地观看电视节目对孩子没什么坏处

我们的调查数据显示，绝大多数的三岁孩子都会看电视。而不看电视的孩子多是因为家里没有电视机。在看电视的孩子当中，大都是由家长决定他可以看什么节目，可以看多长时间。在少数自由度极高的家庭里，有的孩子可以自主选择电视节目，有的则会用撒娇、耍赖、抗议等方式要求增加看电视的时间。一般认为，适当地观看电视节目对孩子没什么坏处，父母们也都会允许三岁孩子看电视。就节目内容来说，少儿频道和动画频道最受三岁孩子的欢迎。

❖ 语言方面：快速发展期

三岁左右这个阶段，是孩子语言能力快速发展的时期。他所学到的词汇已经让他体会到语言的乐趣了。随着语言能力的提高，他深深地感受到说话的实用性，通过语言可以让他表达自己的思想和感受，他慢慢地爱上了说话。现在的他，已经可以理解别人的"话"，也可以清晰地用语言来表达自己的意思。

到三岁时，大部分孩子都会清楚地用语言来表达自己的想法。他想什么，就会说什么。他会用"为什么""好不好""什么"和"什么时候"等词语来提问。许多孩子都喜欢唱颠倒歌和有意思的儿歌。在两岁时，孩子喜欢用平常的词语说话，而到三岁后，他会非常喜欢用刚学到的新鲜词来表达同样的意思。

每当听到"新的""好玩儿的""更大的""更棒的"等词语时，孩子便会非常感兴趣。当他玩儿累了，你如果对他说："咱们玩儿个更好玩的游戏吧！"他马上就会提起精神来。想吸引他参加什么活动的话，你就对他说："游戏结束后会有惊喜哦！"他便会毫不犹豫地去参加。他对有"秘密""惊喜"的事情最有兴趣了，这些"秘密"或"惊喜"没有必要是真正的奖品，但也一定不要骗他，不然他会非常失望。

"帮忙""或许""猜一猜""需要"等词语，都有可能吸引他参与活动。如果你想让他跟你一起做什么事情的话，尝试着用"要不要""好不好"这样的话来跟他沟通，效果会很好。

有时候，如果你用一个很好的理由来引导他，他甚至愿意做他原本不愿意做的事。比如说："把积木收好，你就有更大的地方来玩儿跳绳的游戏了！"

三岁的孩子可以清楚地认出图画故事里的人物，他们对自己的性别有了认识，也开始会回答"什么跑得快""什么会飞""什么会爬树"等问题了。许多三岁孩子还能够回答诸如"肚子饿了怎么办""困了怎么办"等稍微复杂的问题。

他对空间、方位已经有了概念，懂得上和下，可以按你的指令把球放到椅子"上"或"下"的位置，也可以背诵三位数的数字了。

在不知不觉中，三岁孩子的语言表达能力就这样不断提高了。

❖ 与他人交谈方面：在游戏中增强沟通能力

到三岁后，孩子才能真正随意自如地在一个既有大人也有孩子的群体中（如幼儿园）与他们交流。在之前，他只对自己所说的话感兴趣；而到三岁后，他学会了聆听，会在意你所说的话，并很迫切地想要回应你。这时的交流也不再是单向的信息简单传递，而是双向交互的沟通与交流。当然，"单向诉说"的情况还是时有发生，比如说："这是我的汽车，不许你玩儿。""那是我的油画棒。"等等。或者是对别人下令:"老师说不许带玩具来幼儿园,你这个不听话的淘气鬼!"

这时的他还会像从前那样喜欢自言自语,并常常借助这种行为来配合他的动作。当他骑自行车时,会边骑边喊:"车开喽,到站喽,我要拐弯喽,红灯喽,停车喽……"

他一般会用简洁的语言来向你报告他已经做完或想要去做的事情,例如说:"我刚才玩积木了。""我看见有人走进教室了。"或者是:"我想要一只小狗。""我要找毛毛去玩儿。"等等。

三岁的孩子仍然需要别人的帮助,他常会说:"你跟我一块去。""你帮我弄好这个积木。"但有时,他会很坚决地表达自己的自主性:"我是大孩子了,不要你抱。""我自己会做!"

他还非常享受讲述自己长大的事实:"他是个小宝宝,我原来也像他这样,但我已经长大了。""我会自己穿衣服了。""小宝宝才总是爱哭呢。"

这时的孩子经常会发挥自己的想象力,比如说:"我是一只小狗,但不会咬人。""我是一只小猫咪,我要去抓老鼠。"他想对许多事情问个究竟,比如:"美琪到哪儿去了?""他为什么会哭啊?""这是我的小床,小时候妈妈让我睡这张床,现在我要像姐姐一样睡大床。"等等。

　　女孩比较爱提及自己的父母或家人："我妈妈昨天给我洗澡，还陪我一起看电视。"男孩则爱炫耀自己的能力："瞧瞧吧，我做了一架飞机。""我吹了一个很大的泡泡，但被他弄破了。"

　　这时的孩子侵略性逐渐减弱，开始学会用商量或请求的口吻来交流。比如说："你先玩儿，一会儿该轮到我玩儿喽！""现在该我玩儿了，一会儿再给你玩儿。""我跟你们一起玩儿好吗？"

　　这时的孩子开始会用排斥的语气来讲话，而这一特点到四岁左右时会更加明显。比如说："这是我的屋子，你们都不许进来！"

　　在与其他孩子玩游戏时，他常会说："我来扮小狗吧。""我们假装这是一辆汽车吧。"而在玩过家家游戏后，他有时会说："毛毛，明天还来我家玩这个游戏吧，你可以把你的变形金刚带过来。"

　　玩完捏泥巴游戏后，他会把自己的作品展示给其他孩子看："你瞧，这是我做好的饼干，软软的，你摸摸啊。"

　　在双向沟通交流的过程中，一定是有问有答的。在玩过家家等游戏时，一来一往的谈话方式会为游戏增色很多，孩子们会感受到更多的乐趣。这时的孩子甚至对别人的批评也不在意，常常会调皮地重复对方的话，然后哈哈地笑起来。

❖ 其他方面

孩子的语言表达能力在这一时期会非常突出，一般三岁的孩子已经可以清楚地表达自己的意愿，而不需借助表情或肢体的帮助了；乱发脾气的情况也渐渐少了。

通过对不同年龄阶段孩子的认真观察，我们发现三岁的孩子使用语言的方式来表示拒绝要多于其他的方式。但这并不代表他们不再用摔东西、哭闹的方式来宣泄气愤的情绪。他经常只用"不要"两个字来表达自己的意思。但这个时候的孩子，如果你能耐心地与他沟通，他或许会勉强接受你的建议，去做一些他不喜欢做的事情。

到三岁半之后，语言方式的拒绝就会大大超出其他的方式。而与之前最大的差别则是，三岁半的孩子不再局限于使用"不"或"不知道"来表示，而是会用"我不会"或"你去做"等更明确的意思来表达了。

2. 三岁半到四岁：
正常的倒退期

❖ 动作方面：能力倒退是正常现象

孩子长到三岁，他的协调能力已经比较稳定了，他可以非常灵活地运动四肢，运用眼、手、口、鼻了。单纯从理论上分析，如果三岁的孩子协调性很好，比他们大点儿的孩子协调能力应该会更强才对。

但事实却并不是这样。前面曾给大家讲过，孩子成长的过程中存在着两种互相牵制的力量，叫作交叉力。孩子三岁时，两股力量中能够促使大肌肉发展的力量更强大一些，所以他的协调能力很强；而当孩子长到三岁半时，促进平衡的力量减弱甚至消失，所以这一时期孩子在动作上就显得不协调了，甚至还有些跌跌撞撞。如果把孩子的能力成长做成线状图，到了三岁半时就好像出现了断裂一样。可见，由于伸肌与屈肌两种力量的不平衡，才导致孩子走路或跑步时摔倒。

遇到这样的情况，父母会觉得孩子成长出现问题了，否则，为什么他不再喜欢用大胆、豪放的线条勾勒他的画，而是喜欢用细细小小的线条和波浪线来装饰？甚至在说话上也有"倒退"的迹象——不再那么流利，甚至还有些口吃。在视觉能力上，虽然他的视力能够延展到很远的地方，也能收缩到更近的某一点，但中间一段呈现出"盲区"。所以有时候会出现孩子不停地揉眼睛、眨眼睛，甚至看不清楚的情况。

父母会发现，倒退的远不止这些。三岁半的孩子还可能会出现吮吸手指、摩挲生殖器、吐唾沫、经常咬指甲以及哼哼唧唧胡乱闹腾等不好的行为。哼哼唧唧是这个年龄的孩子特有的毛病，有时候让人感到很头疼。**此时父母应该注意指导孩子学会用适当的方式发泄他所要表达的情感，比如唱歌或是语言。**可能是在动作方面孩子的控制感不如以前，这导致孩子的情绪也常出现波动。所以，在做没有把握的事情时，孩子会向父母"求救"。举例来说，以前他自己已经可以应付上楼、下楼的活动了，但是现在，他还是会说："妈妈领着走。"

此时他的小肌肉发展似乎也出现"断层"，他运用手的灵活度有所下降；而且，此时的他对空间方向的辨认也不再那么清楚了。对于以前的他来说，用三块积木拼成一个"品"字形状是轻而易举的事情，但三岁半的他却因为摆放不好最底下两块积木的距离而让整个形状不稳定。前面也提到过，孩子在空间感受上似乎忽略掉了"中间点"，此处的问题跟中间点的缺失有很大关系。以前，他曾用多块积木搭建起一座房子，可现在，他发现把积木平稳地垒高都是件很困难的事。

虽然此阶段的孩子在各方面都变得不稳定，但是你可能想象不到，他在支配四肢和运用技巧方面却是大大地进步了。所以，你看到他会比以前更喜欢跑来跳去，而且跑得更快，上下楼梯时能像大人一样一步一阶地走。他比以前更喜欢和其他人一起玩球了，在扔球、接球的动作中，他的技术更加灵活，更准确了。这个时期的孩子可以骑着小单车满地跑了，他们还会故意调皮地碰撞一些障碍物。

❖ 视觉方面：不要担心孩子暂时出现的眨眼和斗鸡眼

从整个成长过程来说，三岁半到四岁的孩子正在经历一个转变的拐点。他常常表现出不安定的行为动作，心理上也有些敏感和不自信，有时候他会说："你别看我了！"

三岁半的孩子在四肢的运用、眼睛的使用以及观察上都仿佛出现了问题。比如他做出的动作常常像是慢半拍，眼睛转起来也有些迟缓，有时还会出现两个眼睛挨得太近而看起来像斗鸡眼。尽管这样，他的观察能力却是有进步的，他能注意到边边角角的微小地方了（对自己熟悉的东西或喜欢的书尤其如此），可见他在非常专心地看书，但他的视线却常常游离在书本的各个角落。这就造成了一种现象，即那个东西就在旁边，他却常常"视而不见"。

给这个阶段的孩子检测视力时，会发现他对图案的认识比以前更加清晰。如果把两个棱镜拿到他面前并问他是几件物品时，他也会准确告诉你："两件。"这说明他能够正常运用两只眼睛观察东西了。所以，我们在此时为孩子做视力检查是非常必要的；父母也由此可以明白，孩子出现不断眨眼和"斗鸡眼"的现象只是一时的正常现象。

成长正常的孩子，到了三岁半完全可以追随移动物体，自由控制自己的视线了。这个时期的孩子能够专注地看书，安安静静地听一段童话故事，也喜欢到外面跑跑跳跳，做一些运动大肌肉的游戏了。我们可以带着他去骑小单车、玩沙、玩滑梯、玩球，等等。

❖ 协调适应方面：进步很大

尽管这个阶段的孩子看起来在肌肉活动方面不如以前协调，但他确实是比以前进步多了。你曾经注意到他在玩积木的时候会稍微有些倒退，但你也会发现他能够照你的思路去把积木拼装在一起了，而不需要你每步都教他。发现一些玩具的新奇玩法，也是这个阶段孩子的重要特点。

三岁半的孩子已经可以认识几种基本的几何形状，他也不会把饭菜弄得到处都是，倒水的时候也不会洒在外面了。

所有孩子似乎天生都对绘画有好感。三岁半的孩子可以为一个不完整的人的画像添上胳膊和腿脚。但是，如果你想让他完全自主地画一个人像，就不会那么顺利了。

三岁半的孩子虽然在小肌肉运动上没什么发展，手部运用上也不那么稳定，玩游戏的技巧与三岁的时候比起来没什么进步，但是他却对"和伙伴一起玩"产生了更大的兴趣，他与"人"之间的关系要比与"物"之间的关系紧密多了。

很多父母可能不了解，三岁半的孩子已经能够用线把稍大点的珠子穿起来，并且他还会把珠子依照不同颜色或形状分类穿起来。当然，珠子换成一小段一小段的吸管也可以，他会把它们串成项链。不过，最能吸引他们的事情，是到海边去玩沙土！

❖ 语言方面：对语言表达有浓厚兴趣，开始注意语法

在语言表达方面，三岁至四岁的孩子进步很快。一般情况下，四岁孩子的词汇量有一个大幅增长，但跟这个时期比起来，内容上还是不如这个时期丰富和有趣。由于接触和掌握的词汇量大大增加，这个阶段的孩子似乎对语言表达有浓厚的兴趣。

他们会为自己说出新的语汇而感到自豪，喜欢炫耀自己的语言表达，也喜欢哼哼着唱简单的儿歌或童谣；"悄悄话""小礼物""不同"这样的字眼，会让他们感到更兴奋。他甚至会凑到你的耳边，用行动告诉你他理解的悄悄话。人

们常说，孩子两岁的时候积累词汇，三岁的时候运用词汇，是有道理的。

这个阶段的孩子，已经能够自如运用各种词类，语言表达也开始注意语法。因此，你经常会听到他用助动词，还会说复杂的否定句。

父母要趁孩子高兴的时候跟他谈论事情。如果给予恰当的夸奖，或者讲出合适的理由，孩子也开始会做一些他自己本不愿做的事情。实际上，孩子心情好的时候，还是能听得进道理的。

此阶段的孩子对书本、故事也有很浓的兴趣，因此要让他多听多看。我们常常会发现他能安安静静地听完一段故事，甚至听完一个还要求听另外一个。中间我们可以停下来向他提简单的问题，或者让他根据书里的插图自己想象故事的情节。在众多的故事中，一些小动物会说话的故事最能吸引他们。

这个阶段的孩子不但能够自如运用语言表达自己，同时也能体会到通过语言沟通和学习的乐趣。他总是喜欢提出很多问题，比如："为什么是这样的？""妈妈什么时候下班回来？""小鱼吃什么？"，等等。做家长的要对孩子问问题的意图给出判断，如果他是真的想弄明白事情的来龙去脉，你应尽量满足他的好奇心；但是如果他只是为了提问而提问，完全是觉得好玩儿，那你大可不必过于认真地个个都回答他。

三岁半的孩子已经有了比较强的空间感，他会告诉你他把球放在了桌子上面，或者放在了汽车里面。当然，他也有了初步回答问题的能力，如果你问他："很困了，会怎么办？""要是饿了，你该怎么做？"他一般都能给出正确的答案。

三岁多的孩子语言表达能力的提高，不仅表现在词汇量大大增加上面，还表现在他说的语句长短和结构上：他已经能够运用比较复杂的句法结构，也能对所看到的、听到的加以综合，说出一句总结性的话。他也会一边玩玩具，一边用语言表达自己的行为。通过他在游戏中的自言自语，我们能发现孩子的想象力其实非常丰富，一个简单的玩具也能变换出各种不同的玩法。

没有人确切知道三岁半的孩子到底掌握了多少词汇，但是有一个大概的数字是这样的：三岁至三岁半的孩子能够掌握和运用的字有一千个左右，而三岁半至四岁的孩子掌握的字有二千一百个左右。

孩子三岁的时候，就完全可以回答至少八个简单的判断问题，例如你问他："什么动物会飞？""什么有四个轮子？"……半年后，他就可以至少正确给出十多个问题的答案，并且说出两三个基本颜色的名字。然而，对不同的孩子来说，分辨颜色也有早有晚。有的小女孩在三岁的时候就能分辨大多数的颜色，包括不常见的棕褐色、粉红色，但有的小男孩到了四岁多的时候还只是能分辨出绿色和蓝色。

我们可以与三岁多的孩子玩一些描述物品的游戏，不管见到什么，你都可以问问孩子这是什么，它是什么颜色、什么形状；或者拿出两个不一样的东西，让他分辨大小。三岁半的孩子已经可以分辨出大小，并喜欢运用"最"等形容词来说明东西的特征。

家长有时候会发现三岁半的孩子口齿仍不清楚，某些字的发音仍然改不过来。有些敏感的父母对此非常苦恼，认为是孩子的语言能力出了问题。如果是这样，我们可以带他到医院做诊断和检查。但是，一般情况下这都是正常的现象，慢慢就会好起来的。

此外，这个年龄的一些孩子会出现口吃的情形，这让父母也感到忧心。其实，这也是这个阶段的孩子很容易出现的问题，属于正常现象，不必过于紧张。一些说话比较早的孩子最可能出现这种情况，而且在更小的时候就有口吃的端倪。因为这个阶段的孩子协调性不是很稳定，所以出现口吃是很正常的。专家建议家长不要一遇到这种情况，就马上纠正孩子的说话。

与其赶紧纠正孩子，让他重新清楚地讲一遍，不如把关注的重点放在孩子谈话的内容上，而不去在意他是不是口吃，这样孩子会慢慢积累起说话的信心，说起话来也会相当轻松，口吃现象也会很快消失的。

我们发现三岁半的孩子已经能用不同的声调传达出不同的情绪和心情。比如，他希望引起别人注意的时候，就会提高音量和声调；当他玩得尽兴、情绪激动时，他会发出高亢、粗犷的声音；但如果他犯了错，他也会低声说话来表达低落的情绪。

在某些特定情况下，孩子似乎听不到父母说的话，让我们产生孩子的耳朵是不是有毛病的担心。但如果你故意压低声音说些他感兴趣的话，他又能清清楚楚地听到。这是因为，三岁半的孩子会被一些声音吓到，例如听到雷声他就会躲起来，不明来源的声音也会让他有所警觉。

❖ 与他人交谈方面：能在众人中表达自己，在角色扮演中进步

在和人沟通方面，三岁半的孩子与三岁的孩子又有所不

同。三岁的孩子能与同龄的小朋友沟通，也能和大人们进行对话；而三岁半的孩子能在众人面前表达自己了，他可以面对许多人讲话。此外，他们变得不再喜欢自己跟自己说话了（这或许是由于多数时间他都有人陪着的原因）。有的时候，孩子也会照着大人的样子自己"叮嘱"自己："不能开冰箱，有电！"可能这样的说话不一定有人听到，但在孩子心里，他认为是有人在旁边关注他。

三岁半的孩子，跟老师沟通起来也已经没什么问题。而且他更喜欢用一些带有小聪明的语言来为自己的行为开脱，他会说："我不和他一起玩儿，是因为他总把别人的东西弄坏。"或者，他会表达自己"明智"的选择："我不要去那里，那里不安全。"又或者他反驳大人说的话："要是我去了，他就不会再哭了。"

此时的孩子跟伙伴之间的谈话已经可以非常流利，而且内容也是各式各样，丰富有趣。他总是要首先声明对自己物品的所有权："这件是我的玩具，不让你拿。""你别拿这个彩色画笔，这是我的。"

尽管这样，他也已经有很大进步了，特别是已经学会和别人商量着做一件事了。他会说："我先画，然后再给你画，可以吗？""你拉这边，我拉那边。"三岁半的孩子还会提出简单的建议，他可能跟小伙伴说："我先玩一会儿，等一下就轮到你玩。""我们一起堆积木吧！"

过家家是许多孩子都喜欢玩的游戏，他们可以在这样的游戏中扮演各种各样的角色，而且非常能体现出孩子的想象力。比如，有的孩子用纸片"做菜"，然后招呼大家来"吃饭"，等等。

在这样的游戏中，语言运用也是非常丰富多样的。比如："我是一只能飞得很高的大飞机。""走喽！去坐电梯喽！""小宏，你生病了，我来当医生给你治病。"这类游戏可以玩得多种多样，你会听到几个玩过家家的孩子之间这么说："东西都准备好了吗？""没有，我要去买一些鱼。""看，我买回来很多鱼，还有好吃的香蕉呢！""我们来做鱼吧！""好的，把它拿来，我要炒一炒。""我要去买菜，你帮我照看宝宝吧。""好的，我来给他洗澡吧。"

此时的女孩似乎比男孩勇敢和大胆得多，她们常常会把心里对男孩的喜欢用语言表达出来，比如她会说："我喜欢和凯凯坐在一起！""我们一起去看书吧。"

❖ 其他方面

处在这个阶段的孩子，如果有什么事情不满意或者不合他的心意，他会用种种方法来拒绝合作。他可能会不走不动，表示抗议；也可能会直接说"不行""不要"；哭哭闹闹也不是不可能的。

尽管如此，经过对不同年龄段的孩子做比较，人们还是发现这个年龄的孩子，学会用语言直接表达不合作的时候多了，而用行动、态度来表达不满的时候少了；一般如果有两次用语言表达的话，才有一次是用行动表示的。

测验的时候，如果一个三岁半的孩子不想再静静地坐在那里接受测验了，他会直接告诉测验者，而不会用扔东西、哭闹、敲敲打打等动作或态度来表达了。

5

Chapter

好玩就能好快乐——
三岁孩子的庆生会

　　庆生会对三岁的孩子来说也许是陌生的，因为他并不明白何为"庆生"。但他最在意的是，在庆生会上会有同龄的小朋友跟他一起玩。我们不需要刻意去准备什么花哨的项目，只需给他们足够的空间和一些零食、饮料，还有他们喜欢的玩具和小礼物，就能让他们过上一个快乐的庆生会了。

本阶段孩子的主要表现

正常情况下，三岁的孩子应该是比较随和的。他更愿意和同龄的伙伴一起做游戏、玩玩具，尽管他们没有什么社交圈子，不会像大人一样与朋友沟通感情。

庆生会对三岁的孩子也许是陌生的，因为他并不明白何为"庆生"。但他最在意的是，在庆生会上会有同龄的小朋友跟他一起玩。我们不需要刻意去准备什么花哨的项目，只需给他们足够的空间和一些零食、饮料，还有他们喜欢的玩具和小礼物，就能让他们过上一个快乐的庆生会了。

即便是小孩子之间，一起玩的时候也会出现矛盾，因为不同的孩子个性也大有不同。个性较野或性格内敛的孩子往往需要家长在一旁陪伴，如果孩子间出现矛盾，也好早发现并及时化解。庆生会上要特别照顾不善于集体活动的孩子，此阶段的孩子团队交往的能力有很大差异。对于那些不善交往和过于活跃的小孩儿，可以等到大一点儿再安排他参与集体活动。

到了一个陌生的环境，三岁的小孩子不会理会这是不是在自己家里，而是会玩到忘乎所以；他们也不懂得如何避免与其他伙伴的冲突或矛盾。如果他们真的因为某件玩具吵了起来，父母不要把这简单的小争吵与孩子的品质联系起来。与其对调皮的孩子痛批一顿，不如尽快化解他们之间的矛盾，安抚受委屈孩子的情绪，重新让气氛变得愉快起来。庆生会可不是跟孩子讲道理和规矩的场合，因此，让气氛缓和、重新变得快乐，比分清谁对谁错更加明智。**让孩子们的注意力从不愉快的事情上转移到别处，总比把孩子骂哭要好得多。**

1. 成功秘诀

　　三岁孩子的庆生会跟大人们的完全不同，不需要有多大的场面，也不需要有太复杂的环节，只要让孩子们有足够时间去玩和体会就算是成功了。他们不会有太多的要求，只要让孩子觉得开心就可以了。如果没有需要特别注意的十分内向或过于活跃的孩子，家长可以不用全程陪同。或许一些孩子在没有家长在场的情况下，会玩得更尽兴。

　　为孩子准备庆生会，要注意以下两点：

❖ 邀请的小客人人数

五至七名小客人，包括男孩和女孩，年龄相当就最好不过了。

❖ 在场家长的人数

两至三人（主要是庆生会小主人的父母在场，也可以有其他一两位家长）。

2. 活动安排

❖ 十一点至十二点之间：迎接客人

　　邀请的小客人陆陆续续到来，小主人就已经忍不住和伙伴们玩了起来。他们会猜测着各种漂亮的礼物盒子里到底放着什么，也会对自己感兴趣的玩具爱不释手。所以，稍后用餐的地方最好和孩子们的游戏室不在一起，这样会让他们保有对庆生宴的神秘感。

　　受到邀请的小朋友会在赴邀时为小寿星准备一份礼物。这些礼物什么时候打开、由谁来打开，完全看每个家庭的习惯，不需要非按一定的套路来。应邀而来的小朋友们最在意

的，是他们是否可以和伙伴一起自由尽情地玩。无论怎样
（只要不是争吵），家长们还是不要干涉他们的游戏为好，只
要在一边看着，或与其他家长拉拉家常就行了。

❖ 十二点至十二点半：用餐时间

在用餐的房间里，一切都已经布置好了。餐具、纸杯都
已经上桌，好看的糖果盛在精美的小盘子里，旁边放好了餐
巾纸，还有一个个的收纳盒，可以让孩子把舍不得放手而带
进来的玩具暂时存放在里面。房间可以用气球和贴纸装饰一
下。

餐前的点心不用太多，只让小朋友围坐在桌前吃一小块
三明治，再加一小杯饮料就可以了。也许有的孩子因为玩兴
大，会很快吃完就起来了，但家长也不用担心他没吃饱，因
为后面的生日蛋糕才是"正餐"。给小寿星切蛋糕的环节一
定要有，而且让小寿星把蛋糕分给每一位小客人，尽管他们
可能只能吃下去一小片。对于那些不喜欢蛋糕只喜欢奶油的
孩子，不要过分苛责，由着他们去就行，因为快乐最重要。
其他家长也可以凑在一起吃些点心，喝点饮料。

❖ 十二点半至一点：游戏时间

孩子们需要再自主玩一会儿玩具，然后女主人再给每个孩子拿出一份充满惊喜的小礼物（当然是经过精心装饰的礼物），孩子们可以任意挑选。

❖ 一点至两点：送别客人

活动结束，家长来接小朋友回家。他们走的时候，别忘了提醒他们把礼物带上，同时也可以把用来装饰的气球送给孩子，让孩子在开心愉快中体会此次庆生会的乐趣。

3. 花费及注意事项

三岁小孩的庆生会不用花太多费用去准备，准备一些零食、饮料和小礼物即可。

❖ 注意事项

1.尽量让庆生会在轻松愉快的氛围中进行。不要把它搞得很正式和隆重，也不要特意安排很多热场游戏。只有在轻松愉快的氛围中，孩子们才会尽情展现自己。

2.特别注意让内向或者个性野的孩子的家长在旁边陪伴。一旦发生纠纷，让孩子远离那个纷争发生的环境，不要过分计较谁对谁错，这样的场合并不适合教训或惩罚他们。

3.在庆生会上不要因为太注重礼节而让气氛变得生分。孩子们一起玩的时候，不会在意这些，但提前准备小礼物是必要的，会因能赢得孩子的好感而让他们乐于参与。

6
Chapter

小技巧发挥大作用——
三岁孩子的生活常规

穿衣、刷牙、进食、洗澡、上床等每天必做的事情是三岁孩子非常在意的，不管他们是为了讨大人的欢心还是按自己的意思来。"知道"并"学习"一些小技巧，不仅对父母有好处，对于孩子也是有帮助的。

本阶段孩子的主要表现

　　三岁孩子在前半年时间里的表现，与大多数同龄的孩子一样。他不仅对大人充满了兴趣，还很乐意费尽心思讨大人的欢心。因此，他会很开心地加入到日常活动中来。可是，这种情形持续到三岁半，就会发生变化。他会变得非常自我、任性，什么事情都要按照他的意思来。因此，日常生活中每天要做的一些事情，会让他非常烦躁、不愉快。曾经有一个妈妈，对自己三岁半大的孩子就非常头疼，她说："这日子太难熬了，连平常吃饭都要跟打仗似的。"

无论如何，穿衣、刷牙、进食、洗澡、上床等，是每天必做的事情。你非常在意这些，而且孩子也明白这一点，所以他有任性的资本。所以说，"知道"并"学习"一些小技巧，不仅对妈妈有好处，对于孩子也是有帮助的。

1. 饮食：从乖宝宝到对着干

❖ 好胃口又听话的三岁

三岁大的孩子有一副好胃口，很多妈妈都认为，孩子在吃饭上表现得很好，他不会有特别的喜恶，也不会拒绝你特别要他吃的东西。

无论是肉类和牛奶，还是水果和甜点，都是他的最爱，只不过让他吃蔬菜还得慢慢来。如果无法劝服孩子吃一些蔬菜，那也千万不要强迫他。

孩子使用餐具的能力，会随着年龄的增长而逐渐提高。大拇指和食指的灵活度也相应提升了很多。

这时候的女孩要比男孩子进步些。男孩在握汤匙时，因为掌心总是向下，所以手肘摆动的幅度会很大，让坐在他身边的人总是"提心吊胆"。

其实，对于三岁的孩子来说，使用汤匙吃饭并不困难，他只要把汤匙柄端压下，向上一舀，就可以了。因为三岁大的孩子，手腕已经变得很灵活，所以拿汤匙时是比较平稳的。有的孩子还特别喜欢用叉子吃饭，特别是在吃肉的时候。

这个时候，孩子已经可以像大人一样，用一只手来举杯喝水了。但在喝最后一口时，他还一直仰头。这个动作会一直持续到五岁，他才有能力完全举起杯子，不再依靠仰头喝到水。

在与家人一起用餐时，三岁的孩子已经能很好地喂饱自己了。有的孩子已经能够正式地坐在餐桌上，像大人一样用餐了。但是大多数家庭会把"宝贝坐在餐桌上用餐"这件事看成是一件大事。这是因为三岁孩子的动作还不是很灵活，不仅会把饭菜洒得到处都是，还经常会把餐桌上的东西弄乱。不仅如此，他还表现出了挑食的毛病，绝对不会吃自己不喜欢的食物。为了避免吃饭的气氛受到破坏，最好的做法就是，让孩子先吃饱，然后家人再用餐。

我们有时候会很费解，在餐桌上与孩子战斗为什么会成为那么多家庭的大问题。其实，只要合理安排一下，让孩子在餐前吃饱，就可以轻易地免去很多烦恼。如果孩子非要和大家一起在餐桌上吃饭，那妈妈就一定要和他坐在一起，好方便照顾他。而这时候，爸爸最好也不要过于在意孩子的餐桌礼仪了。

❖ 三岁半：孩子不好好吃饭，妈妈怎么办？

到了三岁半，孩子的吃饭问题就更加让人不愉快了。因为他会格外重视自己的想法，吃饭更是不容他人插手。对于食物，他总会挑三拣四，不合胃口或者摆放不对，都会成为他拒绝吃饭的理由。譬如他要求你把三明治切成两半，于是你横着切一刀，但他却要你直着切。当你按照他说的去做时，他又开始哭闹，因为三明治已经被你切成四块，不再是他想要的样子了。

有的时候，如果让别人来做这些生活中琐碎的事情，似乎比妈妈做会更加有效。但是，如果妈妈不得不做的话，那就尽量不要与孩子发生战斗。不仅如此，还要通过表情向孩子表达你不在意与轻松的情绪，让他认为你并不在意他吃什么、吃多少、怎么吃。

如果你的能力允许的话，可以为孩子定制一份他喜欢的菜谱，尽量不要强迫他吃他不喜欢的食物。而且，在做的时候，尽量做些新花样，让孩子产生兴趣。如果孩子对于某种食物情有独钟，而且每天都要吃，那就按他的意思来吧。只要这种食物不会影响到他的身体，就不会有什么问题的。

最好不要一下子在孩子的面前摆满食物，也不要强调他吃饭的方式。如果与你作对是常常上演的戏码，那你可以在他的面前放些有趣的东西，然后离开去另一个屋子，离开前叮嘱他需要帮忙时再叫你。如果孩子还是不通情理，与你抗战到底，那你就清楚地告诉他，一会儿又是吃饭的时间了，吃与不吃，他可以随意。一旦他明白了你并不想跟他争论吃饭这件事，他的态度就不会太过强硬了。到这时，你才是真正的赢家。

尽管我们并不想在此时讨论膳食营养与健康的重要关系，也不希望妈妈对孩子的饮食习惯太过紧张。但是有一点我不得不说的是，如果孩子非常喜欢的食物是对身体有害的，那你就不能坐视不管了！

食物是不是对身体有害，非常容易判断，比如吃过某些东西后，孩子不是过敏了，就是不舒服，那你就绝对不可以让他再吃这种食物。但是，科学研究表明，有些物质非常特殊，虽然刚吃完后没有什么异常的表现，但却会对孩子的行为有很大影响。因此，孩子一旦出现头晕、疲倦、暴躁、过动等行为，很有可能与他吃的食物有关。

虽然某些有毒物质的表现时限非常延后（尤其是人工色素、人工香味料、零食等），但都有很大概率会引起上述的一些行为。

假如你的孩子性格开朗、身体健康、举止还得当的话，你就不必操心了。但是，一旦你发现孩子有什么不寻常的举动，就要检查一下孩子的饮食，看看原因是不是与此有关。

2. 睡眠很好，
妈妈可以准备起床礼物

让两岁半到三岁大的孩子乖乖上床休息并不难，那是因为妈妈对于入睡前的一些惯例，譬如讲故事、刷牙等已经非常娴熟了。妈妈只要温柔地抱抱他、亲亲他，道声晚安，大多数宝宝都会乖乖入睡。

假如孩子向妈妈表示出不满或反抗，妈妈只要假装不去看他，并说："我不愿看到你了，快蒙上被子。"孩子就会乖乖听话。但是到了三岁半时，由于白天的纠缠让母子两人的心情都很糟糕，所以最好让别人来哄劝孩子入睡。

大多数三岁孩子的睡眠都很好，可以一觉睡到天明。细心观察，你会发现，孩子睡眠如果真有什么困难的话，那不是入睡的问题，而是夜里发生的一些小插曲引起的。在三岁到四岁的这段时间里，各种问题层出不穷，他不是被某物惊醒，不想睡小床；就是要上厕所，下楼找玩具，或者到冰箱里拿东西吃；更有甚者，竟然跑到客厅里看书。因此，**如果你哪一天看到他睡在沙发上，千万不要惊奇！有的孩子喜欢在睡醒后跑到爸爸妈妈的床上去，要不就睡在地板上。**

既然在睡觉上很难勉强他，那也只好慢慢适应他的"半夜漫游"了。或者你可以在他的卧室里安装小夜灯，还可以预备些玩具或食物放在他床边。如果这一切还不能阻止他半夜乱跑，你干脆把门把手绑住，这样一来，他要出来就得叫你了。

关于孩子能否和大人一起睡的问题，科学家各有判定。一般而言，这与孩子的性格有很大关系。如果他适应力强、性格开朗、不任性自我，那让他和妈妈一起也没有什么不好。但是，如果你的孩子性格内向，不好相处，那最好不要开先例。如果孩子非要坚持和你一起睡，那你可以说："只可以待一会儿哦，等妈妈要睡的时候，再把你抱回去。"如果孩子的个性比较温和，那事情就很好办了。但是，对于顽固任性的孩子，就要费一番脑筋了。

大多数三岁的孩子，不仅可以顺利地睡到天明，而且还不用半夜抱起上厕所。为了让孩子睡安稳些，有的父母会在孩子入睡前抱他去厕所。但是否应该半夜叫醒孩子上厕所，就要看你自己的安排了。而我们的研究发现，孩子在半醒状态下，很容易再次入睡。

有的孩子情况会有些特别，即使你抱他上过厕所，第二天他的尿布还是湿的！这种情况下，你就不要半夜叫醒他了，为他准备好尿布才是最重要的。

一些孩子总对妈妈说："我做梦了。"其实，这些梦并不会对他造成太大的困扰。只有极少数的孩子会因为做噩梦而在夜里惊醒，但是只要你肯安抚他，一般他会很快再次入睡。

大多数三岁大的孩子，喜欢早早起床。起床后，他们要么自己玩，乖乖等你起来；要么就跑去叫门。所以，你应该为他在卧室里准备些玩的或吃的东西，让他醒来后可以有事可做。当然，你还可以拿小礼物来诱惑他，如果他醒来后乖乖的，就给他；否则，就不给他。

3. 天天睡午觉

午觉对于三岁大的孩子只是象征性地睡一会儿而已，但是，对于三岁多的孩子，甚至是五六岁大的孩子来说，午睡就成了一个每天例行的习惯。虽然三岁大的孩子不太喜欢睡觉，但是大多数妈妈却认为，午睡可以让孩子得到很好的休息。这段时间里，大部分孩子都会非常听话，老实地待在自己的卧室里。假如孩子不太安静，你可以给他准备些书本或者玩具，不然他一定会把屋子弄得乱七八糟。

其实，你还可以特别空出一段时间，拿一些特别的玩具和他一起玩。

如果条件具备，你还可以用闹铃规定他的"午睡时间"是从几点到几点，只要闹钟一响，午睡就结束了。

4. 大小便自己解决

　　大部分三岁的孩子，已经能够一整天都保持裤子的干净了；只有极少数孩子，即使到了三岁半，也才刚刚学会处理小便。

　　许多三岁大的孩子只需要一点点帮忙，就可以自己解决大小便了，而且时间很稳定，两次上厕所的时间也被延长了。仅有极少数的孩子会出现意外情况。但只要他尿湿了裤子，他就会要求你立刻为他换掉。

　　但是，即使孩子能够很好地处理大小便了，他仍然会说出一些依赖你的话。所以，就算已经非常熟练上厕所的孩子，在去厕所前或者上完厕所后，都会跑到妈妈面前，告诉妈妈一声。

大多数孩子在午睡的时候，都不会尿湿裤子。有时候，就算你晚上不抱他去一次厕所，他也会好好地一觉到天明，绝不尿床。但是，假如孩子还是会偶尔尿床，那你还是给他穿上纸尿裤吧，这样能省去你洗裤子的麻烦。

如果家中降生了新的小宝宝，孩子会像小时候一样再次出现"尿湿裤子"的情况。这时，你千万不要责怪他。只要你表现得像平常一样轻松，孩子的这个意外情况很快就会消失。

但在大便的处理上会有很大差异！大多数三岁大的女宝宝都能在这件事上做得很好了，很少出现什么意外；男宝宝虽然不如女宝宝做得好，但也比以前有了很大进步。

不过，有时候我们会发现一些很特别的情况，例如男宝宝会很怕或者不愿意上厕所大便。尽管有的是因为控制能力不成熟造成的，但有的却把这件事当作了噩梦，并时常与妈妈因此而发生战斗。

如果你带他去看医生，而医生也没有给你什么建议的话，你不妨大概估摸一下他大便的时间段，然后采用"铺报纸"的方法来训练他。当估摸的时间到了以后，如果他拒绝坐到马桶上大便，那你就可以在厕所的角落铺上报纸，然后帮他脱掉裤子，让他待在厕所自己玩，并叮嘱他，如果想要便便了，就蹲到报纸上。这种类似"小狗训练法"的方法，还是比较有效的。因为蹲着大便要容易得多，而且在他渐渐习惯以后，你再拿小马桶给他。许多妈妈都成功地使用过这种方法。

但也有些孩子总会故意捣蛋，他们会在妈妈最忙的时候，跑到妈妈面前，说他要大便。或者他对你说大便拉裤子里了，这时，你只得立刻帮他清洗了。在"铺报纸"的方法不奏效的前提下，有些妈妈会让孩子自己清洗弄脏的裤子。但这种方法我们并不提倡。当然，如果是逼不得已的情况下，偶尔也可以试一两次。

5. 喜欢洗澡

洗澡似乎是最轻松的事情了，因为大多数孩子还和以前一样，不是舀水，就是来回拨弄塞子。对于大多数的孩子来说，他们非常乐于自己去做这件"清洁自身"的事情。只是洗完澡后，他们不愿意从浴缸里出来，这令妈妈十分头疼。这时候，如果妈妈假装很期待孩子给她个惊喜，而孩子一旦领悟了，就会突然跳出来"吓吓你"。

在睡前给孩子洗澡，是大多数家庭的习惯，因为这样有助于孩子的睡眠。只是对于个性很强的三岁半孩子来说，如果他拒绝洗澡，妈妈就当机立断，不给他洗澡。妈妈们可以放心，偶尔一次不洗澡不会有问题的，只要孩子身上不是特别脏，你给他换个衣裤就可以了。

6. 穿脱衣服动作娴熟，
   父母帮忙要果断

　　在衣着方面，三岁的孩子会比两岁的时候更容易料理。但到了三岁半，东挑西拣的问题会再次出现。对于三岁大的孩子来说，"脱衣服"的能力比"穿什么"这件事更能吸引他。当然，"脱衣服"比"穿衣服"更加容易些，更何况，这时候的孩子不仅能解扣子，连拉拉链的动作也日渐娴熟了。

　　孩子穿的衣服不仅包括裤子、袜子和鞋子，有时候还包括毛衣和外套。一般而言，分辨衣服的前后和鞋子的左右，对三岁的孩子来说比较困难。但即便如此，他还是会非常愿意自己系扣子、绑鞋带。孩子的情绪决定着他"穿衣服"的意愿是否强烈，高兴的时候，他很配合你的动作；不高兴的时候，他会站在那儿一动不动。

到了三岁半，这种情况会越来越严重。他不仅处处与妈妈作对，还会因为一件衣服而大发脾气。这足以说明，他反抗的意志力比穿衣服的能力要强悍得多。

帮宝贝穿衣服时，要努力做到两点：一是速度，二是坚定的语气。你可以忽略他的抱怨，把衣服早早给他准备好。如果他坚持自己来，那就顺从他。要不然，你就要立刻给他穿好，以免他穿了又脱，脱了又穿。

从其他事情的经验来看，孩子总会处处和妈妈作对。因此，如果让其他人来帮他的话效果会更好。

7. 情绪的发泄

　　虽然孩子的情绪发泄问题不会经常出现，但是，我们有必要在这里说明一下。

　　一般来说，三岁孩子的身心紧张感已经基本消失了。他不再像以前一样总是吸吮手指头，或者抱着小被子到处走了。

　　就算你发现孩子还是会有这样的行为表现，也不要太过担心。专家研究发现，只要孩子能在长第二颗臼齿之前，不再有这种表现，就不会对孩子的齿形有很大的影响。如果你还是为此而忧虑不已，那就带孩子去医院做个检查。其实，只要你留意一下，就会发现，孩子只在他饿了、疲倦或累了的时候，才会有吸吮手指的动作，而且时间相对以前来说已经缩短很多了。这足以说明，他吸吮手指的行为正在慢慢消失。但是，如果你发现他在白天吸吮手指的频率还是非常高，而且要求他停止，他也不听，那最好带他去做个检查。

三岁到三岁半的这段时间，是孩子们身心倍感轻松的时期。但是，三岁半以后，情况就会发生很大的变化。孩子会强烈地感受到各方面身心的压力，并且会做出一些行为加以缓解，如口吃、不停地眨眼睛、偶尔咬指甲、用小手挖鼻孔、摩挲生殖器、咬衣角或流口水等；更有甚者，有的孩子会咿咿呀呀叫个不停。

不仅如此，三岁半的孩子还拥有除眨眼之外的视觉困扰。有些时候，只是因为你把物品拿得离他太近了，影响了眼睛的焦距，才造成了他视觉方面的困扰。我们建议妈妈们，要定期带他去幼儿眼科做眼部检查。

妈妈做对了，孩子就会了——

三岁孩子的心智能力

孩子的身体和头脑的发育是密不可分的。在孩子的成长过程中，父母观察、表扬他的各种表现的同时，没有必要非要他多认字、多说话、常数数。特别或者刻意要求他多读、多写并不是最正确的做法。

本阶段孩子的主要表现

　　在孩子出生后的第一年里，爸爸妈妈最感兴趣的莫过于观察他身体上的变化了。从他最早会抬头、翻身和坐起来，到会滚、会爬和站起来，再到最后会独自走路。在他会讲话之前，我们对他身体的关心好像超过了对他头脑的关心。

　　不过，孩子的身体和头脑是密不可分的。第一年里，在他身体快速发育的同时，头脑也在不断成长，他做的所有事情都是离不开大脑的，特别是他很多的行为动作，不只是简单的反射就能完成的。他没有开口告诉你什么，并不代表他的大脑没有"工作"。

所以，在孩子以后的成长过程中，你观察、表扬他的各种表现的同时，没有必要非要他多认字、多说话、常数数。可以肯定的是，作为父母，都非常关心孩子的智力发展，希望能充分开发他头脑的潜力。不过，这并不能说明你特别或者刻意要求他多读、多写就是最正确的做法。

对你来说，最应该做的是给孩子创造一个良好的学习环境。作为他的父母，你在这个学习环境中担任着至关重要的角色，你要有足够的耐心和信心，用心听他说话、和他交流、回答他提出的问题，常给他讲故事听；领他去外面转转，鼓励他多观察周围的事物，让他动手拣拣小石头、小树枝，然后说说你们所看到的。

如果可以的话，给他各种各样的玩具玩。当然，这些玩具用不着多贵，也不一定要有多大的教育意义。简单、结实、安全就行，比如水彩笔、橡皮泥、黏土等，这些玩具对他创造力的培养都很有好处。室外的游戏器材也能帮他锻炼身体，使他更健康地成长。

孩子智力发展的程度，和在各个年龄段他成长发展最需要的东西，你都能通过他的各种表现加以了解。从他问你"为什么"和"怎么样"上，你就能发现他对什么感兴趣，也就会知道该怎么回答他的问题。

语言能力能显示出孩子智力发展的情况，而他的兴趣爱好和行为，则能反映出他的成熟度。例如，他非常喜欢玩的玩具和游戏，能告诉你他的兴趣所在。他要是对某些活动一点兴趣都没有，你完全不用强迫他去做。

如果你愿意拿出点时间来细心观察的话，你会发现每个孩子其实都是非常有意思的一本书。只要你用心听他说的话，给他更多的关注，就会清楚地了解到什么东西最能使他的兴趣和智能得到启发。

我们在第四章里曾经讲到三岁孩子会说的一些话。这里，我们将就他的时空概念、数概念、幽默感和创造力展开论述。

1. 时间概念：把时间具体化，有助于孩子的学习

　　在两岁半到三岁这个年龄段，孩子的时间观念开始迅速发展。在他成长发育的其他时间段里，这种意识的进步远不及这短短的半年。三岁以前，他们都十分愉快地生活在"现在"，对于"过去"或"未来"感觉不强。但当他长到三岁时，对于"现在""过去"和"未来"的事情，他一般都能很准确地说出。他几乎用到了和时间有关的所有字词。谈到"未来"时，他用的字词虽然不太一致，但关于"未来"的事情，却和"过去"或"现在"的同样多。在"昨天"和"明天"的使用上，他也极少出错。

　　大部分三岁的孩子虽然还不会看表，但在他口中，会经

常出现有关"时间"的字词，比如"现在晚了""是……时候了""这一次""再等几分钟""过段时间"，等等。在玩游戏时，他还会假装看看表，然后说："时间到了！"这句话在他平时生活里非常有用，他也会经常说到。比如他会问你："吃点心的时间到了吗？"当然，你要说："还没呢！"他也能接受。

和"过去"有关的字词，比如"那一天""昨天""上个月""去年"等；和"未来"有关的字词包括"过一会儿""明天晚上""下一次""明天""我长大以后"，等等。三岁的孩子说到和"未来"有关的字词要比有关"过去"的多，这说明对于"未来"的概念他了解得比"过去"要好得多。

虽然他还没有完全掌握准确的时间观念，但他会用"一年前""有几天""每次""一个星期""老是这样""过了很久""等到我"等概括的词汇。

玩游戏的时候，他更愿意用钟表上的时间。比如，他会假装拿起电话说："爸爸，你说好三点回家的，现在快三点了。"或者他会说："吃点心的时间到了。""这时候该唱歌了。"等等。

孩子两岁半到三岁的这半年，学会了很多时间用语。三岁到三岁半的这半年，他会把时间用语使用得更精确。三岁半的时候他会说："我等了很久了！""快到时间了！"或者他会说习惯时间用词"每个星期天晚上"等。关于延续的时间，三岁半的他也会使用各种表达方法，比如"很久了哦""过去两个星期""等一会儿"等。在事情的先后上，他也会使用许多词汇，比如，"小琪，我要去画画了。""我还没有做完这个呢。""我比你先来的！""等凯凯用完以后，再拿走吧！""来幼儿园之前，我看到了一只很怪的手。""先把蜡烛插好，然后再点火。""明天我要和妈妈一起去动物园。"等等。

他也很爱回答别人关于时间的问题，比如："你几点起床的？""你晚上几点上床睡觉？""你明天要干什么去？""这个玩具什么时候买的？"由于他说到的时间用语越来越复杂，所以，有时候他自己会弄混了，比如他会说："我才不想昨天睡觉呢！"

你问到他起床、吃晚饭或睡觉的时间，大部分的孩子都能正确地说出来。另外，女孩子很多也能正确地告诉你她几岁了，或者你问到她时，她会伸出三个手指头。

对小孩子来说，掌握时间概念比较困难，因为时间既看不见也摸不着。所以专家建议，在教孩子时，你可以把时间具体化，这有助于他更轻松地学习。你可以用一个大的挂历，把每天都画上格子，在格子里贴上或画上画，每过一天，就让孩子在那个格子的图画上画上横线；或者买一个日历，让他每天撕掉一页。不管用日历也好，月历也罢，都意在把看不见的时间变成看得见的空间，让他知道"今天的前一天是昨天""今天的后一天是明天"。

2. 空间概念：
如果很弱一定要及时补救

在两岁到两岁半这个年龄段，孩子的空间概念发展最为迅速。他会使用的新的空间词汇越来越多，直到三岁时，这些词汇还会出现在他嘴里，但这时他用起来就不那么随意了。比如"就在这里""从外边上去"，虽然这些词汇没有太大变化，但更准确了。这些新词汇有"上面""下边""前面""后面""这里""那里""角上""从""旁边""外边"等。

在这个时期，他对于方向和空间的感觉也日渐敏锐，你要问他有关的问题，他可能回答得不是特别准确，但可以看出他的方向感很强，比如"先在转角向右转"等。你要是问他"爸爸在哪儿呢"，他不只会告诉你"在单位上班"，同时也能把地址说出来。

　　大部分三岁的孩子已经懂得很多了，他知道鸟在天空、鱼在水里、地板在屋顶下边、飞机会飞，有的孩子甚至连几路公交车到哪里都知道。有的孩子到了三岁半，还知道自己家在什么地方。

　　三岁的孩子可以根据你的指令把东西放在椅子上、椅子下，或拿给指定的人。如果你问他在哪里睡觉，他不仅会说"在家里"，还会进一步告诉你"在我家我的屋子里"，甚至还会更仔细地说"挨着妈妈睡觉的屋子是我的屋子"。如果你问"妈妈在哪里做饭呀"，两岁半的时候他会说"在家里"，三岁半的时候则会说"在厨房里"。要是你接着问"哪里是厨房啊"，三岁的时候他会说"挨着客厅的屋子"，而三岁半的时候他则会解释说"过了客厅就是厨房了"。一般来讲，孩子会先说大的空间，然后再到特定的小空间。如果你问他"妈妈要领你去哪儿玩啊"，在三岁时，他只会跟你说"去公园"。三岁半时，他却会说"去青年公园"。

　　在一岁半到两岁这个年龄段，孩子要是能听懂空间用语的话，就会朝那个方向看。在两岁半到三岁，则会用手把那个方向指给你。等到三岁半时，他就会很简单地回答"在上边"，而不会再说在什么东西（比如桌子、椅子）的下边。

等孩子三岁半时，他会的新的空间用语就又多了些，例如"中间""上面""下一个"等。这时，"比较观念"也在他头脑中逐步形成，比如"最大个的""比那个小""比那里还远""一直下去"等。

孩子三岁半时，能根据你的指令把东西放在柜子的上、下、前、后各处，其中，他说到的最多的就是"上面"。但是，如果玩捉迷藏游戏，只有极少的孩子能真藏起来，而不被别人发现。

这个时期的孩子，头脑中已有了简单的分类概念，能辨别出一些简单的图形。

在成长的过程中，他越来越能理解抽象的事物，不过，等到三岁时，他们的"个体差异"就很清楚地表现出来了。在时空概念的学习上，有些孩子进步很快；也有些孩子，你怎么教他都搞不明白。

有些孩子时间概念很强，但空间概念很弱，**其中有些是缺少经验的孩子，对待他们，一定要及时补救，否则后果会很严重。**他弄不清楚时间和空间概念，并不能说明他智力有问题，因为这些概念的掌握与智力并不完全相关。

3. 数的概念：
开始会简单的计数

在数数上，大部分三岁的孩子都可以从一数到二，也能分清一件或是两件物品，也有些数数能力较强的孩子能从一数到五。要是用儿歌唱数的话，他们的能力则又有区别。三岁的孩子常会说"三条橡皮筋"或"四颗珠珠"，这是因为数的概念对孩子的日常生活影响很深。渐渐地，他会明白东西和东西之间的关系，并开始对应上数量。

4. 幽默感:
注意继续培养

通常来讲,孩子在两岁时称得上是严肃正经,三岁时进步一点,等到四岁,就会明显表现出幽默感。我们或许会看到,三岁孩子有时会说可笑的话、做可笑的事,他喜欢笑别人,同时也笑自己。

两岁的孩子在遇到意外的小事或恶作剧时,会哈哈大笑,他还会故意把手套套到脚上,反穿衣服扮成小丑。别人不小心摔倒或撞在墙上,他看到后也会放声大笑。三岁的孩子,就不再会有这么滑稽的幽默了,他会把可笑的事儿分享给小朋友或大人,也很爱和大人开玩笑。如果你故意指着他红色的袜子说"你穿的袜子是紫色的吧",就会引得他一直咯咯地笑。

这会儿，他很爱说些无聊、逗乐的话或是顺口溜，比如他会说："豆花，花大头，头什么头，头大王。"要是你也学他的语气说，他更会笑个不停。有时他会故意把两个字反着说，像把"吃饭"说成"饭吃"，把"洗手"说成"手洗"。

三岁的孩子还喜欢玩些小把戏，他把玩具放在头上顶着，故意从高的地方一口气跑下来，踩着东西在地上滑，真是让人哭笑不得，而且还得为他担心。

他还会自己编一些滑稽的小故事，像"飞机被马儿撞了""轮船爬到了高山上"等，听他说话，有时候会把你笑得前仰后合。

有时候我们还会被他编的故事和干的事儿所吸引，比如他对自己说："强强，你该给小鱼吃点儿点心了。"他也会假装按门铃，然后说："小兔快开门。"同时，他也会说"真好笑""笑死我了"等和幽默有关的字眼。

三岁半的孩子会讲可笑的事儿给小伙伴或是大人听。其实，他更多的是与小伙伴分享笑话。可想而知，这些笑话有一些在我们看来也很滑稽可爱。比如他故意斜着走路、踩自己的影子等。

❖ 三岁半孩子典型的幽默

一是不相符的行为：故意捏着鼻子讲话，歪着身子走路，或者吃得津津有味时说"真难吃"等。

二是装疯卖傻：故意大喊大叫，一口气冲过来，又蹦又跳等。

三是攻击：推倒放得好好的东西，故意撞向别人等。

四是讲荒唐的故事，说可笑的话，故意发错音。比如说："郑老师，不好了！你要把我们震倒了。"

5.编说故事能力：
暴力情节出现属于正常现象

要是你想了解孩子的想法和感受的话，用心听他说话、多和他交谈、多陪他无疑是最正确的做法，这样的话，你就会知道他的小脑袋瓜里都装着什么了。

除此之外，还有一个方法是听他讲故事，这和他一本正经地跟你讲话完全不同。**你可以借助那些充满幻想的故事，来窥探他的小小世界。如果你觉得这个办法还不错的话，可以在他三岁的时候试一试，因为在这个年龄阶段，他最喜欢讲故事，而且较容易乖顺地接受大人的建议。**孩子三岁时，你要是要求他讲故事，他会激情洋溢地给你讲上一段。听他讲时，你一定得花点心思和技巧来了解故事背后的东西。

　　在听他讲故事时，你可能会有很多惊奇的发现。比如，你会意识到他看似平和的内心竟然潜藏着不可思议的暴力思想。调查研究发现，在百分之七八十的男孩和百分之六七十的女孩讲的故事里，最少会有一件暴力的事件。其中女孩讲到最多的是对人的伤害，以及意外事件；而男孩的故事里意外事件出现得最多，诸如东西被打破了、人摔倒了，等等。

　　大部分三岁男孩都觉得"妈妈是温柔、善良、关心大家的人"，但女孩有的则会觉得"妈妈不要她了"。所有的三岁孩子都认为"爸爸很好"。

　　女孩编的故事主角都是女孩子，男孩编的故事主角则是男孩子。另一方面，故事里受伤害的往往是动物或他人。故事主题和题材通常与"家"相关，对"现实生活"的反映居多。

　　我们说孩子在三岁时都爱自己编故事、讲故事，照理来说，他长到三岁半时应该编说得更好才对，可事实并非如此。三岁半时，他根本不喜欢讲故事，甚至会对此有抵制情绪，就好像他处处和你过不去一样，这也不好，那也不是。等到他想讲的时候，才会专心投入地给你讲。

　　三岁半孩子的故事里依然会有暴力情节出现。至少有十分之九的男孩和三分之二的女孩的故事里，会有暴力或伤害事件的存在。女孩的故事里，主要是对动物、弱小者的伤害和意外事件；男孩的则主要是欺负别人和破坏物品。女孩故事里的意外事件大多讲到的是摔倒，而男孩则大多是弄坏东西和摔倒两种状况。

故事主题最多的是与"食物"和"吃"有关，不过，和善良、友爱相关的主题却很少。其中还有一个有趣现象是，对于父母的感觉，男孩和女孩是不相同的。几乎每个女孩都认为妈妈是慈爱善良的，但一半男孩都觉得妈妈非常暴力，是专门处罚人的人；对于爸爸，女孩的感觉是友善、会保护她们，男孩子则认为爸爸很暴力，平时压根不和他们说话，而他自己就是暴力的牺牲品。

很多青少年（特别是男孩）经常会和父亲对着干，实际上，早在幼儿时期，他们与父亲的沟通危机就已经存在了。在男孩子看来，大人们常常会威胁他们，但女孩子相比之下这种感觉却不那么强烈。他们编的故事，也基本都是对现实生活的反映。

三岁半孩子编说的故事里，"暴力"虽然充斥其中，但其中"自我保护"现象也是普遍存在的。比如女孩常常让动物遭受一些不好的事情，男孩则会打破某些东西，或是人能死里逃生、死而复活等。

6. 一般创造力：
开发的黄金时间

说到创造力，一般人们脑海里都会浮现出画家、作家、音乐家等人。实际上，创造力不仅艺术家有，普通的孩子也有，只要有合适的环境和机会启发他，他们的潜能自然会得到最大的发挥。**孩子的创造力萌芽发生在他三岁时。**

让孩子去编故事、画彩笔图、揉泥巴，并给予他鼓励，是培养他创造力的好方法。不管你的孩子创造力如何，他都会非常喜欢这些活动。孩子常常会用简单的材料和工具创造出特别的艺术品，不过，对于自己正在进行的创作，他们往往并没有特别在意。

除了编故事和创作作品外，开发孩子创造潜能的方法还有很多。市场上这类书籍也不少，你买来参考参考也无妨。当然，要想成为一个有创造力的妈妈，有时你也需要一些小技巧，比如给他讲故事时故意不讲结尾，让他自己来编；把杂志上好玩的图片剪下来，让他根据图画自己编故事等。这些做法都有助于孩子积极思考，进而开发他的想象力，尤其是增强他的逻辑概念。

你还可以假设情形让他自己想象，比如在他身上又多了两只手会怎样。把几件物品摆在他面前，先让他看一会儿，再蒙上他的眼睛，让他讲刚才看到的东西。让他动动手、动动脚，比如表演骑自行车、烤面包等也是不错的法子。

除了让他用眼睛来观察世界外，还可以让他用嗅觉、味觉或触觉来感知，你可以做两个"触觉袋"（不透明的购物袋即可），让他伸手去摸袋子里的东西，再告诉你他摸到了什么。

种种花草、养养小动物，经常带他去郊游，也都能很好地启发孩子的创造力。在白纸上画几条线，让孩子在这些线的基础上接着画画，这种极简单的做法也颇有意思。

孩子和大人不一样，他们的创造力就来源于好奇心和活泼好动的特质。只要你有心，就一定能使他的创造力更好地展现出来。

因材施教——

三岁孩子的个体差异

家长们可以从很多角度来观察、判断孩子的个性，比如他的运动量、规律性、适应能力、反应速度和程度、情绪的变化、坚持度和注意力分散度等。孩子有不同的表现，家长也应该采取不同的措施。

本阶段孩子的主要表现

作为父母，往往非常渴望去更进一步了解自己的孩子，然而在常见的那些教育书籍当中，一般很难找到对孩子系统观察方法的内容。好在一些幼教老师和学者专家们为我们提供了很有效的建议和专门的规则、技巧，以便帮助父母更好地了解孩子的个性。

在《了解你的孩子》（*Know Your Child*）这本书里，史黛拉·翟斯博士（Dr. Stella Chess）提到，家长们可以从很多角度来观察、判断孩子的个性，比如他的运动量、规律性、适应能力、反应速度和程度、情绪的变化、坚持度和注意力分散度，等等。

这些特质也正是我们所要关心和研究的。通过观察我们发现，孩子身上的差异严格来说是由先天的遗传因素导致的，与后天环境关系并不大。

不过，你不必怨天尤人，也不要放任不管，因为孩子的某些行为是可以校正的。你了解到孩子的先天限制或先天能力越多，对你找到正确教养孩子的态度和方法就越有帮助。

让父母能够充分地了解自己孩子的个性，从而为他创造适合他成长的环境，是很多人类行为研究学者的共同理想之一，事实上这对孩子也有很大帮助。了解了自己特殊的个性，便能在之后的成长过程中对自己的行为有更准确的了解和把握。

接下来，我们会按照几个相对的"行为组"来做具体说明。你的孩子可能处于正面的极端，也可能处于反面的极端，或者处在二者中间的某一点。

1. 动机弱的孩子要好好鼓励

影响孩子做事意愿的因素有很多，比如饮食、睡眠，或者缺乏成功的机会，等等。但究其根本，还是由先天条件决定的。我们常常会见到一些孩子整天都精力充沛，就算做再多的事似乎都不会累。但也有一些体弱型的孩子，给你的感觉正好相反，好像一点点活动就能把他累垮似的。

"动机强"的孩子并不需要太多的鼓励，因为他对做什么事都有兴趣，并且能在工作中找到快乐。相反，你需要给"动机弱"的孩子以极大的鼓励，他对新鲜事儿不太感兴趣，而且看起来总是懒懒散散的，不喜欢热闹。举例来说，"动机弱"的孩子做事会慢条斯理，一次只做一件事，听音乐就是听音乐，绝不会同时做其他事。"动机强"的孩子则正好相反，他可以双管齐下，一边听音乐，一边摆积木，或者穿珠子。

2. 注意力不集中也不要紧

有些人不管做什么事都非常专注，他会把注意力放在一个小小的范围内，而不去考虑其他的外界因素。这类注意力集中的孩子，可以抵抗周围事件的干扰。不同的是，有些人的注意力总会被身边的小事吸引，从而不能专注地做重要的事。这类做事漫不经心的孩子总是很容易被外界环境影响。

迄今为止，虽然关于视觉与注意力二者间关系的研究并不多，但视力专家却发现："近视的孩子注意力相对来说比较容易集中，而远视的孩子集中注意力的能力却差一些。"换句话说，近视的人并非只能看清眼前的东西才易集中注意力，这与他本身的生理结构密切相关，他原本就可以对靠近他的东西特别专注。同样，这个道理也可以用在远视的孩子身上。

对于身体某个器官和个人行为关系的了解是非常重要的。尽管现在我们还不完全了解这两者之间的关系，但每个人的行为差异，很可能与我们生理结构的差异有关。

联系到我们刚刚提到的"精力充沛的孩子对任何事都很有兴趣""动机不强的孩子只做一件事也嫌累"，虽然我们不能笼统地说专注型的孩子就一定充满活力，但至少这样的孩子能够较长时间地保持对一件事的兴趣，而散漫型的孩子则显得不那么执着，他对事情的新鲜感只能持续片刻。注意力集中的孩子即使在室内也能玩得很开心，而散漫型的孩子大多数喜欢在户外活动。

3. 自主性弱的孩子更需要 提醒和引导

　　自主性较强的孩子通常不易受到外界影响，这要得益于他自动自发的精神；自主性较弱的孩子却有所不同，他需要的不仅仅是外界环境的刺激，有时还要有人出来正确地提醒、引导他。生活中有些人属于理智型，有些人则属于冲动型。心理学家的研究表明，自主性较强的人往往比较理智，而那些易受外界干扰、自主性较弱的人，往往会比较情绪化。

　　不过，并不是所有感性的人都控制不住自己的情绪，这要看他的成熟度（通常大人控制情绪的能力就比孩子强很多）。有时你会发现，一些孩子很冲动，常常因为某件小事就大喊大叫，很容易恼怒，而且一旦生起气来，也不容易被安抚。

4. 给适应力差的孩子 一个稳定的环境

　　一些孩子适应能力很强（就算环境十分多变），还有一些孩子则适应能力较差。后者常常很顽固，无法将自己调整到最佳状态来适应环境，却希望改变环境来迎合他们的心理和需求。孩子三岁左右的时候，这一点会表现得比较明显，他往往更喜欢一个一成不变的生活或学习环境。

　　适应力稍差的孩子往往需要一个相对稳定的环境，以及大人时不时表现出来的肯定、认可，例如："没错，这个小汽车就是你的！""你搭的积木房子真棒！""对啊，你刚刚从滑梯下溜下来！"自主性强的孩子则不需要这样，他们非常独立，只要得到你的允许，他们就能在生活中积极发挥自己的能动性做一些事情，至于你的肯定、认可，他们往往不是很在乎，他们更在意的是自己的想法和创意。

家里不止有一个孩子的家长可能会发现，虽然孩子都是同一对父母所生，但他们的个性却有所不同。有的孩子总闹得家里鸡犬不宁，而且常常会发生各种意外，比如跌倒、扭伤、打破东西等；但有的则不吵不闹，不仅能很好地照顾自己，而且对事物也特别小心，做事井井有条，玩游戏也能安安静静，总之完全不同于那些依赖性大、自主性弱的孩子。

5. 不要用外力
改变孩子动作的快慢

　　动作的快慢是孩子的一种天性。有的妈妈看孩子做事很慢就想让他速度快一点。有的则相反，希望做事很快的孩子慢下来。其实，速度的快慢你是无法用外力改变的。速度快慢和孩子的做事谨慎度没有关系。

　　研究表明，速度与节奏之间有一定的联系。有的人刚开始做事节奏很慢，随着时间的推移，他会越来越熟练，做得又快又好；也有的人刚开始做事很顺利，速度很快，可是不久之后，却做得不是很好且没有效率。

　　还有一个与快慢有关系的因素是"时段"。因为每个人的生理结构不同，最有效率的时段也有差别。这点在童年时期表现得很明显。比如，有的孩子早上起来，做事拖拖拉拉，干什么也没有精神。可到了下午，他就会变得精神百倍。而对大多数的孩子来说，经过一个晚上的休息之后，早上起来是精神最好的时段。

说起时间，则要说说两种不同性格的人，即"前瞻型"和"后顾型"。前者做起事来干净利索，一件连一件地做下去。而后者则任何事情都拿不定主意，思前想后，踌躇不前。对于前瞻型的孩子，你如果给他适当的准备或提示，有时甚至提出某些警告，他就会把事情做得更完美；而你如果用同样的办法对待后顾型的孩子，则起不到积极作用，相反只会增加他的压力。相对来说，"走一步，算一步"更适合后顾型的孩子。

6. 要求完美的孩子
要鼓励他去尝试

还有一种"完美主义"性格的孩子，他的个性不仅让父母着急头疼，也给孩子自己带来许多烦恼。这种完美主义者，不管做什么都要求结果完美，他总要等到自己准备很充分了，才会去尝试一件事。如果一件他从未接触过的新鲜事摆在他面前，他就会缺乏勇气而不敢去尝试。相反，有的人并不在意结果是不是很完美，他富有冒险精神。从这里我们可以看出，这是两种完全不同个性的人群，前者比较保守，后者则喜欢冒险。

每个孩子的生理或行为表现，都会受到一些因素的困扰。这一观点，很少在教育孩子方面的资料上提到，但家长却可以借此更好地了解自己的孩子。比如，美琪自从生下来就不喜欢吃东西，她要是生了病，或者玩得特别累的时候，身体就会很不舒服；凯迪在处理大小便上一直都做得很不好，每次他生气或受到打击的时候，都会不由自主地尿出来。

7. 两个办法
让孩子感到快乐

与以往相比，现在从事幼儿教育的学者似乎更加注重孩子的自我认知，这不仅表现在"孩子想知道自己做得好不好"，而且还特别强调了"做事情时的心理感受"。

如果你想让三岁的孩子感觉到快乐，那可以试试这两个办法：

1. 告诉孩子，你爱他。

2. 让孩子有选择性地参加一些活动，尤其是那些容易成功、不易失败的活动。如果你的孩子不喜欢运动，那就别让他参加跑跳的活动；如果他是一个内向害羞的孩子，那你就不要强迫他非得表现出大方活泼的样子；如果他天性做事缓慢，你要避免让他和别人比速度。

要知道，你的帮助对他某些行为的改变起着关键的作用，但在这个过程中，你要特别留意孩子的反应，千万别让他认为达不到你的要求就不是优秀可爱的孩子，以避免他产生自卑的情绪。你要对他多鼓励，多肯定，因为你的言行影响着他的自我认定。

8. 排行影响个性发展

有些研究幼儿教育的学者认为，孩子的排行会在一定程度上影响他的个性发展。在生活中可以看到，同一个家庭中，排行不同的孩子在个性上也有一定的差别。有人认为这是个人生理原因造成的，也有人认为与父母对孩子不同的态度有关。在一般的家庭里，老大往往会受到父母更多的关注，因此也就得到了特别的照顾和关爱。

费尔博士（Dr. Lucille K. Forer）和图曼博士（Dr. Walter T.Gman Brief）曾研究过孩子的出生顺序对以后行为的影响。他们提出了几个观点：

1.一般老大在事业上成功的机会较多，他们一般有很强的责任感，很强的个性，他们能力突出，成就欲望值比老二或老三要高。他们对事情的结果很重视，希望自己做的事都是对的；生活独立性高，爱指挥别人，尤其是男孩。哪怕是对小伙伴，也希望自己是"老大"。

2. 家里的老二，一般有很强的耐力，适应能力也很不错。他们一般比较放松，虽然做事不是很积极，但是稳定的情绪和技巧的使用也让他们容易成功，当然，成功的概率比老大要低一点。

3. 对于家中最小的孩子，因为一出生就有哥哥姐姐，所以他们更显得孩子气，也最没有安全感，做事成就欲望不高，也不喜欢名利的争夺。如果事情的发展和自己想象的不同，他就会请求大人的帮助。

这里所说的都是一般的情况，并不代表全部。有的家庭里，老二比老大能力更强，也会比老大成就更大。不过一般来说，家中兄弟姐妹的多少，以及男女性别的不同，都会对孩子的个性有一定的影响。

认为环境对孩子影响大的学派认为，对于一般的父母来说，第一个孩子出生以后，由于缺乏经验，所以照顾孩子就像是在做育儿方面的实验。等到第二个孩子出生后，父母在育儿方面就比较有经验了。虽然乍一听这话确实有道理，可是，这不能很好地解释为什么同一个家庭里的孩子，老大和其他的孩子会有那么大的区别。

　　还有另外一种说法，那就是母亲体质论，我们感觉这是比较合理的。第一次怀孕，母亲没有经验。到了第二次，母亲已经可以适应孕期反应了。所以，在第二胎的时候，孩子会处在一个良好的母体环境里。这点也能解释为什么老大虽然很聪明，可在适应能力上，却不如老二和老三。

　　这种说法认为，由孩子出生顺序而导致的个性差异，不是父母不同的教育态度造成的，而是生理原因所致。

　　不管到底是什么原因产生了差异，父母总是喜欢观察每个孩子个性上的不同。在和别的父母交流的时候，也总是喜欢把孩子出生顺序的原因说进去。

9. 性别不同，
表现也会不一样

性别是另外一个影响个性的重要因素。有一部分人认为，男孩女孩的不同，是父母教育孩子的时候受社会价值的影响所致。还有人认为，男孩女孩的个性是与生俱来的。事实上，很多从事幼儿教育的老师认为，男孩女孩不管是在兴趣上，还是在行为上，都有明显不同。

一般而言，**女孩比男孩成熟要早一些**。五岁的女孩能很快适应幼儿园的环境，而男孩要等到五岁半，才会做得和女孩一样好。

所以，三岁的女孩比三岁的男孩显得聪明、能干，也往往比男孩有较好的表现。男孩和女孩除了成长速度不同外，在兴趣爱好上也存在差异。尽管三岁的孩子都喜欢在游戏中扮演某个角色，小男孩还会和女孩一样喜欢穿妈妈的高跟鞋，但是在角色的挑选上，男孩倾向于爸爸、祖父或小男生，而女孩则对妈妈、奶奶或小女生感兴趣。另外，男孩玩布娃娃的时间要远远少于女孩。

三岁的男孩子更偏爱大肌肉的体能活动，如攀爬、堆积木、骑脚踏车或者几个人在一起推来推去地玩儿。而女孩子一般比较文静，不喜欢大喊大叫、推推搡搡地玩。

男孩性格相对来说比较粗野，有着较强的攻击性，喜欢在游戏中做"老大"，喜欢扮演具有竞争性的角色。当然了，我们所说的只是普遍现象，也有的男孩子比较内向，性格文静；同样，也有的女孩性格比较泼辣，会和男孩子一争高低，总想让别人听命于自己。

三岁的孩子对性别已经有了一定的认同。男孩子知道自己喜欢的动作型游戏，如警察捉小偷、摔跤都不适合女孩们玩，她们应该去玩洋娃娃。另外，孩子对性别的这种认同也与爸爸妈妈有关。在日常生活中，男孩会在一些举止动作上刻意模仿爸爸，女孩则会刻意模仿妈妈的行为。

从对书本及故事的喜欢程度也可以看出男孩和女孩的不同，男孩子对有关汽车、飞机以及各种交通工具或者武器的书比较偏爱，女孩子则喜欢人物、情节丰富的图画类书籍。

孩子在自己编故事时，也会把性别差异表现得淋漓尽致。三岁的女孩子口中都是和女孩有关的故事，男孩子告诉你的故事则一般都是表现男生的。但有一点相同，就是他们的故事中一般都有打斗场面，不过男孩子表现得更加突出。有意思的是，三岁的男孩大都觉得爸爸慈祥可亲，女孩子却认为妈妈不十分友善；等再过半年，男孩子就会认为父母都不友善了。

在此，我们建议家长不要用传统的方式固定孩子的性别角色，也不必用成年人的眼光去判断孩子的活动是不是符合他们的性别要求。

10. 给父母的提醒

　　以上我们所提到的关于三岁孩子的行为表现，或许你的孩子不能与其对号入座，因为这只是孩子个性中的一小部分。其实，每个孩子在成长过程中都有"好"的一面和"坏"的一面，只是我们无法准确地预知所谓"好"，能"好"到什么程度；所谓"坏"，又能坏到什么程度。

　　可能有的孩子处于"坏"的阶段有些长，而"好"的阶段却一晃就过去了。也有的孩子让大人很省心，各方面都很顺利。

　　其实，我们对孩子特性所做的分析并不十分重要，重要的是你能通过观察和分析孩子的行为表现，了解他的特点，进而有针对性地改善他某些不合理的行为，或者至少降低这

些不合理行为的危险性。如果你和孩子都能以正确的态度看待他，那生活将会变得简单而快乐。

在了解孩子的个性以后，就可以有针对性地帮助孩子。如果他需要你事先提醒，那你就在他做某件事情之前替他考虑周全；如果他更适合在安定的环境生活、游戏，那你就尽量减少带他外出的次数；如果他在下午精力最旺盛，那你就没有必要让他早早起来做事或游戏了。

同时，你还要想方设法创造条件，让他最大限度地发挥自己的优势。比如，如果你的孩子做事向来专注，那你就给他充分的时间，不要总催促他，以便让他很认真地完成一件事；如果你的孩子感情比较丰富，容易情绪化，那你遇事最好在情感上做文章，而不要给他讲一些无谓的道理。

总的说来，每个孩子都有与生俱来的个性特点。你对他了解得越深，你就越能帮助他克服缺点，发挥优点。此外，遗传和环境之间的相互作用也起着很大的作用。只要你能为他创设一个最适合他的环境，他的潜能就会最大程度地发挥出来。

1940年的时候，阿诺·格塞尔博士就已经科学地说明了遗传和环境之间的相互关系。以下是我们引用他说的话：

"在对孩子的成长因素做科学的评估时，不能不把环境的因素考虑进去。这些环境因素包括家里的兄弟姐妹、父母，孩子接受的营养、遭遇的疾病，生活经历，以及他们所受的教育。不过，先天条件也是不可忽视的。它是影响孩子成长的首要因素，因为它是孩子后天学习和发展的基础。内在和外在因素相互影响，相互作用，综合决定了孩子的个性。所以，这两个方面都很重要，不能忽视其中任何一方面。"

9
Chapter

你是否也遇到过这些麻烦？——

源自妈妈们的
真实故事

不同的孩子在成长过程中会表现出一定的规律和特点，很多孩子在同一事件上出现了同样的让父母棘手的问题。为了帮助父母解决这些问题，我们特意挑选了一些有代表性的妈妈来信进行分析，相信对读者会有所帮助。

1. 女儿特别不听话，怎么办？

读者来信

　　你快帮帮我，我三岁的女儿已经快要把我折腾得发疯了！她从早到晚一刻也不肯停下来，总是不停地讲话，一会儿要这个，一会儿要那个，在屋子里不停地跑来跑去。她经常打扰大人讲话或做事，感觉像个没有礼貌的野丫头一样。

　　更麻烦的是，她不喜欢乖乖睡觉。她会找任何理由晚睡一会儿，只要我一妥协，她就更加得寸进尺。我真的不知道该怎么办才好。四个月前，我又结了婚。她很反感，不接受她的继父，这真让我伤心。

专家建议

你应该还是二十岁左右的妈妈吧！如果你在高中的时候学习了儿童行为入门的科目，那么现在你就能明白孩子为什么会有这样的行为表现了。

孩子有自己的想法，说话做事也不会和我们大人一样。好动、好奇、好问是他们的天性，他会要求你很多，却不很听你的话。

我建议你多读一些专业机构关于孩子教育的书籍，这会帮助你加深对孩子的了解。看你的来信，你的女儿应该是个很正常的三岁孩子。你自己要充满信心，多看一些孩子心理学、教育学的文章，尽量改善和孩子的关系。

2. 女儿老爱黏着我不放，
怎么办?

读者来信

　　我的女儿依莲，很喜欢黏着我。我家有一只可爱的小狗，可她一点也不喜欢它。她不和其他小朋友玩，只是每天黏着我，我走到哪里她跟到哪里，寸步不离。真要烦死了!

　　我曾经每天抽出一个小时的时间来专门陪她玩，可她不满足这样，她要我全天候地守着她。她已经把我的耐心要磨没了，我实在受不了了。

　　她还很嫉妒别人和我亲热。当我和朋友说话

的时候，她就很生气。当我先生回家的时候，她不能接受我先生当着她的面亲我。每次遇到这样的事情，她就会非常气恼。因为我的先生是海军，很久才回家一次。面对这样的女儿，我不知道怎么办才好。

专家建议

你别着急，等到依莲四岁后，这种现象应该可以改变。你要坚持。现在还没有可以彻底改变她的办法，你只能顺着她。你和你先生以后最好避免在孩子面前亲吻，因为她感觉妈妈是属于她自己的。你可以告诉你先生，回家先抱抱女儿，然后对你只是眨眨眼睛。她会感觉爸爸和妈妈最爱的人都是她。

你现在要做的是，让女儿开始渐渐练习与你分开一段时间。建议你请个有爱心有经验的保姆，在她表现最好的时候来代替你。

一般孩子都喜欢户外活动。你可以锻炼她一个人到室外玩一会儿。当然，刚开始时，别让她一个人在户外时间太长了。

像依莲这样的孩子，缺乏独立性，对于妈妈以外的人都会排斥，尤其是对于别人帮她穿衣、上厕所或喂饭等生活琐事，她会很不合作。你应该尝试让她接受别人，可以从接受保姆开始。

在刚开始的时候，她也许会又吵又闹地不配合，不过慢慢她会接受的。建议你在秋天的时候，让她去试试半天制的托儿所，在有经验的老师的引导下，她会慢慢习惯离开你。

3. 怎样面对我的小暴君女儿?

读者来信

　　我有一个小暴君一样的女儿——思颖。她整天对我发号施令,指挥我做这个、做那个,俨然是一副小皇帝的姿态,所有的事都要别人帮忙。我不知道该怎么办?是继续让她做小皇帝呢,还是和她讲道理?不知道我们母女的这场战争会是怎样的结局,会是以谁的胜利来结束?

专家建议

　　请你一定要明白,对于三岁的孩子来说,喜欢指挥别人是很正常的，这不是你和孩子谁输谁赢的问题。

孩子两岁半的时候也很专横，但却不是有心的。到了三岁，他已经明白大人的想法，却故意和你作对。至于孩子为什么要这么做，现在我们还不是很清楚。可能他没有足够的安全感，又或者是内心的自主意识在作怪，时时处处想要显示自己的力量。

我建议你可以有原则地对她让步。比如，如果她在游戏时，需要你听她的指挥，那你不妨就顺着她。但如果是像收拾玩具、刷牙、上床这些事，你就得态度坚决，一定要让她自己来完成。不过你要注意说话的语气，不能让她感觉你是在指挥她，你可以用商量的口吻对她说："来，宝贝，我们一起把玩具收好吧！"三岁的孩子已经有了自尊，这种商量性的语气会让她感到有面子，从而按照你的意思去做。

其实，每个父母都会面临这样的问题，当然，和孩子的冲突越少越好。不管是在身体上，还是在精神上，你和思颖比起来，力量要强大得多。你可以借助自己的优势让她屈服，可是，如果孩子总在父母的强制压力下生活，她就会失去自信心。所以，建议你可以把事情轻松化，让孩子有机会表达自己的想法，也许这样可以从根本上解决你的问题。

4. 孩子爱捉弄妹妹，
   怎么办?

读者来信

    我的儿子波恩三岁了，有很强的嫉妒心。他很喜欢捉弄比他小将近三岁的妹妹。

    虽然我知道你以前说过，尽量把学前的孩子和小宝宝分开，但是我的女儿现在九个月，常常在房间里到处爬来爬去，要把他们两个人分开真的很难。

    波恩和妹妹玩的时候，总是在捉弄她，比如把妹妹的头用毛巾盖起来，让妹妹哇哇叫。这样的事经常发生，我担心他这样会影响妹妹呼吸。

我几乎天天对着波恩喊："不可以捉弄妹妹！"可是，我担心他是不是在用这种方法引起我的注意，也害怕他会对妹妹造成危险。

专家建议

你说得没错，波恩和妹妹单独在一起，出危险的概率会很大。所以，你千万不能让他和妹妹单独在一起。虽然这会让你很费力，可也是没有办法的事。

在波恩三岁半之前，你最好让保姆来照顾他。当然，你也要提醒保姆注意小宝宝的安全。

你可以分开他和妹妹午睡的时间。虽然这会很累，可为了小宝宝的安全，这是没有办法的事。等到波恩长大一些，就会慢慢失去捉弄小妹妹的兴趣。

好多家长对孩子嫉妒家里新添宝宝的行为都不理解。其实，在孩子看来，小弟弟或者小妹妹不但没有得到他的允许就来到自己的家里，而且还抢走了爸爸妈妈对自己的关心和爱护，这很不公平。这时候你若告诉他不可以碰小宝宝，甚至对他吼叫，是起不到作用的。

　　如果你站在波恩的角度，替他想一想，就会多花一些时间来和他玩耍交流，这样，可以有效降低他对小妹妹的嫉妒，还可以教他怎么和妹妹一起玩儿，这样会促使他不再捉弄小妹妹。

5. 该怎样和孩子解释 "死亡" 之类的事?

📖 读者来信

　　我才一个多月的小宝宝在三个月前的夜里死了，我很快处理了她的后事。到了第二天早上，她姐姐美琪醒了后问妹妹去哪里了。

　　我曾经咨询过医生，医生说美琪会在一两个星期内忘记这件事。不过我总觉得应该和她说清楚。因为现在她认为小妹妹还在，而且会问我许多问题。现在她已经上学了，也了解一些上帝和耶稣的事情。现在，她的爷爷奶奶外公外婆身体都很健康，以后她还有机会接触"死亡"这个词。

美琪周围的一些小朋友都有弟弟妹妹。一看到人家的小宝宝，她就吵着要妹妹。美琪是一个懂事的孩子，小妹妹出生的时候，我没有告诉过她妹妹有点不正常。她很喜欢小妹妹，而且很乐意为小妹妹做事情，虽然在我给小娃娃喂奶的时候她也会有点嫉妒。

现在，为了美琪，我和先生想尽快再生个孩子，这样可以吗？

专家建议

你真是一位很勇敢的妈妈，希望你不要一切只是为了孩子，也应该有自己的生活。跟三岁的孩子解释"死亡"，这确实有些困难。看起来你的孩子比较成熟，而且她已经稍微知道"上帝"，可能她自己就可以解决这个问题。

如果你想和孩子解释一下，那最好简单点。你对她的问题回答要简明扼要。至于问题的深入程度，那要看她问什么样的问题。当然，尽快有一个小宝宝来到家里，应该是最直接最好的解决问题的办法。

对于爷爷奶奶将来的去世问题，你大可不必现在操心。即便是四岁的孩子也不是很能明白"死"的概念。他们理解的死亡是和悲伤相联系的。等到她五岁的时候，就会对"死"的概念理解得更加深入，也更加正确。她就会明白，"死"就是结束了，没有了，不能继续了。还会知道无论是谁最后都会"死"的。不管死的是人，还是小动物，他们都愿意喜欢谈与"死"有关的事情。

所以，你要坦然平静地对待这件事，不要让三岁的孩子过多地了解不属于她思想范围的事情。

6. 孩子总喜欢咬被单，怎么办？

读者来信

　　对于我那三岁的儿子，你一定也会感到头痛。从他出生到现在，他就对"咬被单"乐此不疲。刚开始的时候，我并没有感到这是一件很严重的事，也就没有很在意。可是，现在他已经三岁了，还是继续咬被单。我曾经和他谈过这件事，感觉他也意识到不该这样。所以，有时候他会突然停止咬被单的动作，说以后不再咬了。可是，一到要睡觉了，他的老毛病就又犯了。

现在，他咬被单的时间少了，只是在没有人玩或者要睡的时候才咬。我感觉他完全可以不再咬被单，因为他已经上幼儿园了，而且和他的小弟弟也能融洽地相处。

我不知道是不是应该强制他不再咬，还是等他自己丢掉这个坏习惯。

专家建议

我认为你应该为孩子的进步感到高兴。很显然，他现在在逐渐减少对被单的依赖，而且也已经明白"咬被单"是一个不好的习惯，并且在积极地改正。这样看来，也许再有半年的时间，他自己就可以完全摆脱对被单的依赖。

有些妈妈看到孩子咬被单，就会把被单剪成两半或一小块，这时候孩子不会抗议；也有的妈妈这时会把被单拿走，故意说被单还没有干。通常情况下，此后孩子就慢慢把被单这件事忘掉了。你可以按照自己的计划帮助他在四岁之前完全改掉这个习惯。

只要他对咬被单不再依赖，你就应该及时给予他鼓励和表扬。

孩子的一些行为，如咬被单、吸吮手指头等，我们还不知道他为什么这么做。也许是孩子缓解压力的一种方式吧。但一般情况下，在家庭和睦的环境下，孩子是不会感觉太大压力的，所以你不用很担心。

7. 孩子不肯接受大小便训练，怎么办？

我的儿子杰克今年三岁了，很排斥我对他进行的大小便训练。我想了很多的办法：讲道理、鼓励夸奖他、请求威胁他，后来还打了他屁股，可他依然还是不肯合作。最近这段时间，我改变了方法，进行冷处理，接受他不肯上厕所这件事。可他爸爸很生气，感觉这么大的孩子完全没有必要再帮他洗尿布了。

我家有三个孩子，杰克有一个四岁的哥哥，还有一个小弟弟。如果不是为了他不肯上厕所这件事，我们全家都生活得很开心。我一直不明白，为什么他就不能接受上厕所这件事呢？

专家建议

看来杰克在其他方面的发展是不错的，只是在上厕所这点上有些困难。孩子生理上的成熟度是不相同的，并不是所有的孩子都可以在特定的时间内完成入厕训练的。

三岁的孩子不肯接受大小便的训练，我们怀疑是不是他对你有什么不满，并故意拿上厕所这件事来反抗你。你的家里，杰克和哥哥弟弟都处于学龄前阶段，他可能感觉人有些多了，你对他单个的照顾少了。他也许想借这件事告诉你，他希望还是小宝宝时代，可以得到你更多的关心和爱护。针对这种情况，我建议你在条件允许的情况下，找机会和他单独相处，你可以带他去散散步，让他感觉到你还是一如既往地爱着他。

其实，一个三岁的孩子不能自己处理大小便，这也是很正常的，你不要大惊小怪。不过，如果你们夫妻在这件事情上有不同意见，并且影响到了彼此之间的感情，那就要想办法解决了。你先生认为三岁的孩子完全可以自己处理大小便的事，没有错；你觉得不应该给孩子很多压力，想法也是很好的。你可以把他看成一岁半的孩子，如果他醒了还没有尿尿，就带他去厕所。如果他很配合，就应该适时鼓励和表扬他。在他撒尿最少的时候，可以锻炼他上厕所。我相信，只要你对他细心呵护，适当训练，不久，他就可以自己解决大小便的问题了。

8. 儿子不肯坐着好好吃饭，
怎么办？

读者来信

我的儿子凯迪现在三岁了，他让我感到很头疼，因为他不会好好地吃饭，总是喜欢用手拿东西吃。每当我看到他这样，总是会提醒他。可是他爸爸却很生气，总是大声说："如果你再用手拿着吃，我就不让你吃了。"这时候，如果凯迪继续用手拿着吃，他父亲就会真的把食物拿走。凯迪就会大哭起来。好好的一顿饭，弄得大家都很不开心。

我认为我先生的做法不对。每次吃饭，都变成

一件很紧张的事。可我又没有好办法让他乖乖地
坐着吃饭，我该怎么办？

专家建议

你做得没错，一个三岁的孩子很少能乖乖地坐在餐桌边
吃饭。当然，也有一些孩子在这方面做得很好，就好像一
生下来就会使用汤匙和筷子。但孩子之间存在很大的个体差
异，不要把凯迪和那些在这方面做得很好的孩子相比。他能
自己拿东西吃，就已经做得很不错了。

我认为孩子"吃了多少东西"远比"规规矩矩地拿筷子
吃饭"要重要得多。等他到五岁的时候，如果能乖乖坐在桌
子旁拿着筷子吃饭，那就表现得很好了。有的孩子，即便是
到了六岁，还不能做到这一点呢。

我的建议是，你可以尝试让他坐在较高的凳子上，还可
以在征得他爸爸同意的情况下，让他自己先吃。其实，最
让年轻的妈妈感到麻烦的，不是孩子的行为达不到大人的要
求，而是孩子的父亲对孩子的不理解。

如果你的先生不能接受你的建议，仍然要求凯迪使用筷
子的话，希望你可以保持镇定，别在吃饭的时候讨论这个问
题，因为那样会让孩子感到很难过的。

9. 我该不该告诉儿子
他是"养子"呢?

读者来信

  我们的儿子蒂姆今年四岁了,他是我们领养的孩子。他一直不知道自己是"养子"这件事。他只有四岁,不知道能不能理解"领养"的意义。我该不该告诉他呢?我又该怎么开口呢?

专家建议

  我认为蒂姆现在已经能够明白领养的意思,你不必有所顾虑，可以直接告诉他。

"领养"和"性"一直是父母亲感觉不好对孩子开口说的事，这其中的原因与父母在看待这两件事时带有一定的感情因素有关。所以你即便明白应该和孩子说明，可又总是拿不定主意，不敢和他说。

我分析你为什么不愿意和孩子谈"领养"这件事：其一，你心里希望他是你亲生的儿子，自己就不愿意承认这个事实；其二，害怕孩子知道以后会伤心难过。

研究表明，如果孩子问起他的身世，你就应该直接告诉他。如果没有问起，那在他六岁之前，找个合适的时机，告诉他这个事实。如果你不知道怎么来谈这件事，可以看看有关这方面的书籍。总之，要给自己勇气，勇敢地面对孩子。

应该注意的是，在你和他说明这事的时候，你应该明确告诉他，他虽然不是你生的，但是你很喜欢让他做你的孩子。这个家因为他的存在才会这么幸福，爸爸和妈妈都是那么地爱他，愿意为他的成长而努力付出。当然，你也可以告诉他，他的亲生父母虽然爱他，可是因为一些原因不能和他生活在一起。

还有一点，如果你和孩子谈到"性"的问题时，没有必要把一切都告诉他。你可以用平静的语气来和他交流，这样，他会感到很安全的。

借此，我们建议父母们，在孩子的领养以及性的问题上，应该及时地但不要详细地告诉他。曾经有人在孩子照片的旁边注明："我们可爱的养子。"或者直接给别人介绍的时候说："这是我们家美丽的小养女。"我感觉这些办法都是不可取的。只要告诉他一个人这件事就可以了，没有必要弄得尽人皆知。

10. 儿子害怕玩具小丑，
    怎么办？

读者来信

我迫切希望得到你的帮助。我有一个三岁的儿子，在他一岁的时候，我们给他买了一个小丑的玩具。这个玩具给人的感觉很真实，刚开始他有点怕它，后来他慢慢喜欢上了这个小玩具，甚至总是把它抱在身边。

只是几天前，我们一起看了一部关于马戏团的电视剧，里面有追杀的镜头，还有他这个玩具人偶的形象。虽然那个追杀的人不是小人偶，可是第二天，他就说："小丑要害我！"他爸爸给他解释说："不用害怕，玩偶只是一个娃娃，不会伤害你的。"可是，他并没有从恐惧中走出来，第三天早上还是说着同样的话。

为了让他解除恐惧，我曾想把玩偶在他面前烧了，可又担心这样做会把矛盾激化。过几天，我会带他去外婆家，我不知道该不该把玩偶带去。你说，怎么做合适呢？

专家建议

我认为你有几件事做得不合适：

第一，小丑玩具对这样小的孩子并不合适。

第二，你应该有选择性地让他看电视节目，具有暴力情节的电视绝不应该让他看。因为很明显他已经受到了电视情节的影响。

在这件事情上，我建议你千万别在他面前把小丑烧掉，因为那样可能会让他对火也产生恐惧。你最好不要把小丑带到外婆家去，让他选一个别的喜欢的玩具带在身边就行了。

他对小丑的恐惧感是因为电视剧里的马戏团，你可以针对这种情况，给他多讲讲有关马戏团的事情。不过，这件事不能着急，要过一段时间。研究表明，对于孩子恐惧的东西，最好给他提供相关的经验，这样有助于他克服这种恐惧感。

你的孩子的这种恐惧和别的孩子"怕面具"，道理是一样的。这个年龄段的孩子对于不熟悉的"人"，都会觉得可怕，包括身体残缺或和自己肤色不同的人。

11. 宝宝恐惧黑夜，
不敢上床睡觉，怎么办？

读者来信

我有三个年纪幼小的女儿，她们分别是四岁半、三岁和三个星期大。四岁的大女儿似乎陷入了"怕黑"的时期，每到晚上，我送她和二女儿上床睡觉时，她们就会说些莫名其妙的话，譬如："不要让床往天上飞。""不要让月亮砸漏房顶。""不要让鳄鱼、牛、马等动物跑进来。"

难道在孩子成长的过程中都会出现这种情况吗？或者是一些可怕的经历引起的？一开始，我总会小心翼翼地开解她们，可总是没有什么效果，时间一长，我也就放弃了。亲爱的博士，请您给我些建议，教我如何去做好吗？

专家建议

像你先前说的那样，这有可能只是一种现象。或许是一些不好的经历，又或者是你无意中对宝宝说过什么、做过什么，从而引发了一些副作用，才使本就性格敏感的孩子害怕起来。

也就是说，因为一件可怕的经历，而出现"怕晚上""怕黑""怕上床"的情形，一大群孩子里，顶多会出现几个而已。

解决这件事，要根据你孩子的性格来定。戏剧手法有时候会比较有效，你可以假装把"恐龙"和"鳄鱼"都赶跑了；也可以假扮神仙来驱鬼，告诉她你把月亮安好了，不会再掉下来；还可以给孩子预备一只手电筒，或者给她安一个小夜灯，并对她讲："坏东西怕亮的屋子，一定不敢进来了。"因为孩子所惧怕的东西本就是幻想的，所以这种方法会很奏效。

而对另外一些孩子来说，这种戏剧化的手法未必奏效，相比之下，事实更能令他安心。所以，你可以让她们检查一下床底下，或者看看柜子和抽屉里，是不是空空的，是不是有什么坏东西躲在里面。另外，你要表现出一副非常警觉的样子，让孩子感受到你的关爱。这样不仅会令她们感到安心，还能使这些方法更容易奏效呢！

你还可以拿一些图画书陪孩子一起看，或是允许她们的伙伴——玩偶兔子或娃娃，陪她们一起睡。多了小伙伴的眼睛帮她们看着周围，她们会更有安全感，睡得也比较安心。

除此之外，你还要确认，时常令她们害怕的事物是固定的还是变来变去的。如果是后者，你就可以不必太过忧虑。但如果是同一件事时时刻刻影响她们，令她们无法释怀的话，你就必须做好准备，去请教这方面的专家了。

12. 孩子总是撞击头部，
怎么办？

读者来信

　　对于你们专家给予孩子病症的结论，我实在无法接受。那些结论对于我们最为关心的事情，根本毫无帮助。一句"没有关系"并不能真的让孩子好起来。就像我那个三岁的小儿子，自从他开始长白齿以来，他就常常用头撞击床头板。就连坐着的时候，也会撞击椅背。一开始，孩子总是在床上不停地晃悠着他的小身子，我和先生并没有觉得不妥，反而觉得孩子的行为很可爱。于是我们在床脚安上轮子，这样晃动起来就更容易些。只是后来，他的行为变本加厉，撞击床头板的声音越来越大了，甚至影响到我们的休息。所以，无奈之下，我们只好给他换了一张大床。

孩子撞击床板的力气很大，连弹簧板都被他撞掉过。目前我最急迫的问题是，如何让孩子不再乱动，不再伤害自己，并且彻底根除他撞头的习惯。医生，请你告诉我，我到底该如何去做呢？

专家建议

这种问题在大多数家庭中都可以见到，只是有效解决的方法却并不多。一旦孩子出现这种问题，父母或是哄劝他，或是用东西引诱他，都是很可行的方法。只是偶尔会出现反效果。所以说，你之前请教的医生，也许并不是敷衍你的问题，只是他也不知道如何解决罢了。

第一点错误的做法是，在孩子的这种问题初露端倪的时候，大部分家长的做法与你们不同，你们将轮子安在床脚，使床摇起来更容易。而他们则是把床固定好，让孩子感受不到摇晃的喜悦感，进而停止这种行为。

第二点错误的做法就是，你还没有劝导他，就把他换到大床上去睡了。其实，你可以这样对他说："你要懂事一点，不摇床了，妈妈才让你睡大大的床哦！"我们给予妈妈的建议是，就像对待孩子之前的紧张行为一样，以一种缓和、间接的方式来帮助他，让孩子能够在日常生活中获得满足感和安全感。或者你可以安排他上托儿所，借此消耗他过多的精力，扩大他生活的范围，增添新的生活乐趣。

其实，有摇头或撞头习惯的小家伙们都是天生的音乐家，拥有很强的节奏感。同时，他们又像是循规蹈矩的司仪，行为模式一旦固定，就很难改变。更何况三岁是一个紧张的成长期，因此要在此时改变他们的某些习惯，是非常困难的。

孩子因为摇撞而弄伤自己的事情我们还没遇到过。你或许可以改变一下方法，借此缓解他的紧张感。譬如，在睡前陪他聊天，或者讲故事给他听，也可以稍微运动一下，做做亲子体操、身体按摩等，使他的紧张情绪得以纾解，这样也许就可以慢慢改掉他摇晃的举动。

还有一点，是否是他睡觉的时间太早了。晚上晚点睡，也会对他的情况有所帮助的。

医生发现，摇晃和撞头的动作大多是多动儿才会有的表现，并且有人认为这是不适当的饮食引起的。所以，你或许可以通过严格控制孩子的饮食，或者改变他的饮食习惯，来帮助他改掉这些不良习惯。

13. 孩子有用左手的习惯，
怎么办？

我有一个将满三岁的小女儿，叫詹妮斯。以我观察，她长大后会是一个左撇子。无论我如何提醒她，她还是事事用左手，拿彩色笔、扣扣子、吃饭，甚至扫地。尽管她有时会听我的，试试右手，但很快又会换回来。当我再次提醒她时，她就会倔强地说："不要！这只手好用！"尽管我很想她做自己喜欢的事，但还是不得不去纠正她，毕竟生活当中许多东西是只有右手才能使用的，我到底该如何纠正她呢？

还有一些说法令我很担心，比如说左撇子的人看见的字母是颠倒的，"m"会看成"w"，这是真的吗？

专家建议

对于你的孩子，我们建议你最好不要纠正她使用左手的习惯。因为从你女儿的各项习惯当中可以看出，她真的是习惯使用左手。

孩子是惯用左手还是右手，在他出生后的几个月就可以看出，并且伴随着孩子的成长，会越来越明显。你的思虑没有错，生活中还是右手使用者占多数，但是专家认为，改变孩子使用左手的习惯，并不是明智之举。虽然不见得会引起孩子的脑筋混乱，但却会造成其他方面的影响。

我不觉得使用左手的孩子看东西时就会上下颠倒。这只是一种幼儿视觉尚未成熟的表现，不仅是使用左手的孩子，就连使用右手的孩子也会出现这种情况。

我们希望你能够理解孩子。你要知道，詹妮斯惯用左手并不是什么病症，况且由她的表现你就可以看出，她的习惯已经根深蒂固了，无论你如何做也是无法改变的。

14. 孩子不喜欢自己的性别，怎么办？

读者来信

　　我有一个三岁半的小儿子，名字叫唐纳德。他近日的一些举动令我非常生气。他常常脱掉裤子，然后抚摸自己的生殖器。

　　孩子的爸爸并不和我们住一起，因此唐纳德没有见过什么男孩。我曾经对他说过，男孩是有"小鸡鸡"的，可是每当我给他和四岁半的女儿洗澡时，他还是会做出非常愚笨可笑的事情来。

　　他竟然说："我是乖宝宝，我不要这个。"我只得安抚他说："男孩子没有这个，就不是男孩子了。"

我很担心唐纳德在心理发展上会出现什么异常，请医生帮助我！

专家建议

作为妈妈，首先要冷静。既然每次和姐姐一起洗澡时，他会说那种傻话，那就最好把他们分开来洗。

研究表明，这个阶段的男孩，对于自己的性别、角色，是非常紧张和过敏的。时常产生向下的压力感，导致他会有抚摸生殖器的行为出现。曾经有一位妈妈这样说过她的三岁小儿子："他整天握着那里，好像那里有门把手一样。"

还有一位妈妈曾说过，在全家开车出去玩的时候，孩子要小便，妈妈就让他忍耐。听了妈妈的话，他就会用力压那里。

相比以前，人们更加关注这方面的问题了，只是谈论再多，也没有好的方法可以解决。

在三岁到三岁半这段时期，孩子会对自己的身体构造十分敏感。譬如，有的男孩会学女孩坐马桶尿尿，而女孩则说她要站着小便。男孩子担心自己的"小鸡鸡"没有了，而女孩则是怕自己那里少了什么。

　　总之，孩子在成长过程中，对自己的身体感到好奇是自然现象。妈妈不要太过在意，只要以平常心对待就可以了。

15. 必须让孩子上托儿所吗？

读者来信

　　我的姐姐说小孩子都必须上托儿所，所以她把三岁的小外甥也送去了。这种做法对吗？我与姐姐的想法不同，我的女儿就没有上托儿所。

专家建议

　　依据我们的了解，孩子们在刚刚进入托儿所的时候，都会有些不适应。但是，类似的团体会对孩子的成长有所裨益。不过，你女儿的情况也不算特别，有的孩子的确不适合上托儿所。

这类孩子主要分为两种情况：一种情况是，宝宝很黏妈妈，老师无论如何也无法把他和妈妈分开。另一种情况是，孩子一上托儿所，就反复生病。出现这两种情况的宝宝，都不太适合上托儿所。

一小部分孩子会对上托儿所产生恐惧心理，无论家长怎么威逼利诱，都不能改变孩子厌学的想法。如果孩子真把上托儿所看作洪水猛兽的话，就不必太早送他上托儿所了。

还有一些孩子的情况是，家里的玩伴、玩具什么的应有尽有，家附近也有游戏的公园！孩子过得很开心，父母就不要着急送孩子上托儿所了。

但是，不可否认上托儿所对于三四岁的孩子具有非同一般的意义。譬如，孩子可以学习各种团队活动时才会学到的礼仪和规则，可以玩到一些家里不具备的设施、玩具、乐器和美劳器材；在托儿所的经历能使孩子们在音乐、艺术和语言方面的能力有所提高，也给孩子提供了一个区别于家庭环境的另一个成长空间；如果孩子已经跟家里的小弟弟或小妹妹待烦了，那托儿所正好可以给他一个清净的环境；上托儿所也给孩子提供了一个与其他大人接触的机会，同时还会给父母提供一份参考和咨询有关育儿信息的资源。

16. 孩子三岁了，
不可以教他认字吗？

读者来信

　　医生，我曾经在你的演讲中听到过，很多父母都会想象自己的孩子如何聪明，如何能干。您相信吗，一个三岁的孩子竟然认识很多的字，那就是我的儿子——泰特。不仅如此哦，他竟然还会自己看书！

　　连儿子的小儿科医生都十分惊讶，觉得泰特很有天分，什么字都难不倒他。接下来我该如何做呢？

　　我非常乐意把泰特带到您跟前看看。我认为，现在的父母对于孩子的教育太松散了，所以孩子没有什么特别的表现。而我则坚持相反的教育方式，从孩子出生起，就开始悉心教导他。在幼儿园时，泰特的阅读能力就得到了许多老师的表扬。毫不夸张地说，泰特已经成长为很聪明的孩子了。您认为呢？我觉得您上次在演讲中曾经指出，教三岁孩子读书的行为是错误的。

专家建议

你说泰特可以认很多字，那就继续拿书给他看吧！他适合哪个程度的书，就给他看哪个程度的。你认为现在的泰特好像很棒，但是等他再大一点，你就会发现，他并不会比别人优秀很多。

一年之后，这个母亲给医生回了一封很谦虚的信：

读者反馈

敬爱的医生，一年前，我怀着炫耀的心态给您写了一封信，而您的回信则如同一盆冷水，严重打击了我的虚荣心。后来，也导致我对于孩子认字的问题又认真地考虑了很久。的确，我有一个值得骄傲的孩子，他很听话，对我的教导也很有反应。只是您的一封回信，让我的虚荣心遭受到巨大的打击。

现在，我终于在冷静思考之下，得出了这样一个结论：对于孩子的培养不要急于求成。泰特的存在，给了我莫大的快乐和安慰。我想，无论孩子是否聪明，只要给予他足够的鼓励和时间，他都不会让你失望的。至于孩子的学习，只要在时机成熟的时候，认真教他认字、看书，他就一定能学得很好。但一年前的我，却忽视了这一点！

专家回复

这位妈妈的意识转变，令我们倍感鼓舞，我想，我们不必再为她的孩子担心了。

17. 怎样对待孩子才算是 "溺爱" 呢?

读者来信

怎样对待孩子才不是溺爱呢? 我和先生听过很多关于孩子被宠坏的事例, 但是我们把握不好怎样对他才算是 "溺爱"。您能给我们一个界定吗?

专家建议

许多家长都将把孩子宠坏的行为称为 "溺爱"。譬如对孩子的要求做些许让步, 让孩子开心些, 就叫 "溺爱"; 或者赞美孩子、表达你对他的喜爱，也是"溺爱"。事实上，只要你拿捏得当，这些行为本身并没有错。家长既然有了担心宠坏孩子的直觉，就不会出现溺爱的危险。

许多家长不知道什么是溺爱，也不知道孩子已经被他宠坏了，但他却从没意识到自己的行为有何不妥。这说明这些家长本身的行事准则就很有问题。

那么，到底什么是"溺爱"呢？

简单来讲，如果你因为孩子冲着你大发脾气，乱吼乱叫，你因此而让步，或是改变你的原则，那就是"溺爱"。譬如你说："不能再吃糖了！"或者说："上床睡觉的时间到了！"孩子便哭闹着不同意，于是你就让步说："好了！好了！就吃一点哦！"如此反复下去，孩子就会意识到，只要他哭闹，你就会顺着他。时间长了，无论什么事情，他都会用这种办法威胁你，于是他就变成了被"溺爱"的孩子。

当然，家长不可能时时刻刻不通情理，对孩子严加要求。在某些特殊情况下，家长还是可以根据实际情况，有弹性地调整策略做出让步，这就不算是"溺爱"了！

结　语

　　孩子从三岁长到四岁，会经历很多成长的故事，其中的行为表现也自然有好有坏。开始的时候他给人的感觉是安全的、友善的、乖顺的、懂事的、合作的，可是后来却表现得不尽如人意。

　　通常来说，三岁的孩子很招人们喜爱，并且他自己也很快乐。可是到了三岁半，他却处处与自己过不去，总是对周围的事物充满危机感和压力感。

令人庆幸的是，孩子一长到四岁，上述种种不好的状况就会大大改善！经过了动荡不安的时期，他又开始平静下来，生活中会再次洋溢着欢声笑语，你也能从中感受到他的热情和信心。他开始十分积极地投入到各种活动当中。

所以说，家长们，静静等待孩子们的四岁吧，四岁的确是个值得等待的年龄！

附录：
适合三岁孩子的玩具

◇ **玩具列表：**

球、篮子、盒子、豆袋、印章

积木、安全剪刀、跷跷板

图画书、跳床、洋娃娃

娃娃屋、家具、彩色笔、串珠

洞洞板、硬纸板、攀爬玩具

拼图游戏、彩色纸、装扮衣物

大型蜡笔碗、唱盘或录音带

木马、绳子、沙子、沙具、沙箱

空心积木、小扫把和抹布

小汽车、大珠子、玩具火车

乐器、大小套杯、滑梯、小飞机

轮船、扮家家酒的器具

脚踏车和拖车木箱

图书在版编目（CIP）数据

你的3岁孩子 /（美）路易丝·埃姆斯,（美）弗兰西斯·伊尔克著；崔运帷译 . -- 北京：北京联合出版公司, 2018.3（2024.6 重印）

ISBN 978-7-5596-1564-0

Ⅰ . ①你… Ⅱ . ①路… ②弗… ③崔… Ⅲ . ①儿童教育－家庭教育 Ⅳ . ① G781

中国版本图书馆 CIP 数据核字（2018）第 006615 号

北京版权局著作权合同登记 图字：01-2017-8579 号

YOUR THREE-YEAR-OLD: FRIEND OR ENEMY
BY Louise Bates Ames，Ph.D.，and Frances L. Ilg，M.D.
Copyright © 1985 by Louise Bates Ames and Carol Chase Haber.
This edition arranged with THE BANTAM DELL PUBLISHING GROUP
through BIG APPLE AGENCY，INC.，LABUAN，MALAYSIA.
Simplified Chinese edition Copyright © 2012 by Beijing Zito Books Co.，Ltd.
All rights reserved.

你的3岁孩子

作　　者	[美]路易丝·埃姆斯　　[美]弗兰西斯·伊尔克
译　　者	崔运帷
责任编辑	李　红　徐　樟
项目策划	紫图图书ZITO®
监　　制	黄　利　万　夏
特约编辑	曹莉丽
营销支持	曹莉丽
装帧设计	紫图图书ZITO®

北京联合出版公司出版
（北京市西城区德外大街 83 号楼 9 层　100088）
艺堂印刷（天津）有限公司印刷　新华书店经销
字数120千字　880毫米 × 1230毫米　1/32　8.5印张
2018年3月第1版　2024年6月第13次印刷
ISBN 978-7-5596-1564-0
定价：49.90元

紫图·汉字课

《汉字好好玩》(全5册)

有画面、有知识、有故事、有历史的汉字图书。
中央电视台、湖南卫视等多家媒体报道!
学汉字就像在看画,写汉字就像在学画!

《汉字好好玩》曾获选为台湾"百年文学好书",多次参加两岸文博会,被中央电视台、湖南卫视等多家媒体争相报导,并引发代购狂潮。这套书保留了象形文字的精华,延续了汉字原创的精神,展现了"画中有字 字中有画"的汉字精髓,融合了文字学、哲学、美学与创意,以艺术的眼光介绍汉字!

作者精选75幅主题汉字画,500多个常用汉字的起源和演变,打破传统一笔一画的汉字学习方式,倡导图像学习汉字的新思维!

出版社:中国致公出版社
定价:329.00元(全5册)
开本:16开
出版日期:2018年5月

《一笔一画学汉字:1-3》

只要15幅汉字画,就能轻松学会86个汉字。
从根源认汉字,才是智慧的学习方式。

《一笔一画学汉字:1-3》是《汉字好好玩》作者张宏如给孩子的汉字启蒙书,作者原创多幅汉字画作品,打破传统的汉字学习方式,让孩子们从一幅幅汉字画中感受古人造字的精髓,识字就像看画,写字就像在画画。只要一幅汉字画就可以同时达到识字、写字的效果。

出版社:北京日报出版社
定价:129元(全三册)
开本:16开
出版日期:2019年5月

《一笔一画学汉字:4-6》

只要15幅汉字画,就能轻松学会82个汉字。
从根源认汉字,才是智慧的学习方式。

《一笔一画学汉字:4-6》是《汉字好好玩》作者张宏如给孩子的汉字启蒙书,作者原创多幅汉字画作品,打破传统的汉字学习方式,让孩子们从一幅幅汉字画中感受古人造字的精髓,识字就像看画,写字就像在画画。只要一幅汉字画就可以同时达到识字、写字的效果。

出版社:北京日报出版社
定价:129元(全三册)
开本:16开
出版日期:2019年10月

紫图·育儿课

《法布尔植物记：手绘珍藏版》（全 2 册）

因《昆虫记》闻名于世的法布尔又一巨作。

所有植物爱好者不可错过的"植物圣经"。

大自然给您和孩子的邀请信，送给孩子最好的礼物。

《法布尔植物记：手绘珍藏版》（全 2 册）由《昆虫记》作者法布尔耗时 10 年著成，权威，科学，生动有趣。法布尔用讲故事的形式讲述了植物一生的美丽故事，同时还告诉读者许多人生的智慧，是激发孩子探索世界的最好礼物。为了还原最真实的植物形态，绘者历时 2 年取景，培育植物，最终精美呈现出 300 余幅插画。

出版社：北京联合出版公司
定价：99.9 元（全两册）
开本：16 开
出版日期：2019 年 8 月

《勇敢的小狼》（全 6 册）

本系列荣获 2016/17 年英国人民图书奖"最佳童书"奖项、提名 2017 妈妈选择奖"最佳儿童读物系列"、提名 2017 英国教育资源奖"最佳教育图书"。

《勇敢的小狼》（全 6 册）由知名童书作家创作，专业童书插画家配图，已授权多个国家和地区。这是一套专为 4~7 岁孩子创作的绘本，帮助全球孩子化解成长过程中遇到的情绪问题，让家长不再焦虑，让孩子学会管理自己。随书赠送 4 套情绪卡片。

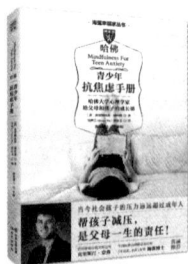

出版社：北京联合出版公司
定价：199.00 元（全 6 册）
开本：16 开
出版日期：2019 年 6 月

《青少年抗焦虑手册》

哈佛大学临床心理学家给孩子的成长课。

本书是一本为生活学习中普遍存在焦虑问题的青少年和年轻人提供的心理自助实用手册。孩子在父母或老师的带领下，在家里、学校里或者任何地方都可以拿来学习和使用，消除焦虑，纾解压力。书中针对具体问题设计了启发式问答及练习，帮助读者更好地理解焦虑的根源，养成积极的思维习惯。作者循循善诱，字里行间流露出同情和理解，充分考虑到青少年、年轻读者群的心理特点，融专业实用和趣味阅读于一体，是一本十分难得的心理健康读物。

出版社：现代出版社
定价：42 元
开本：32 开
出版日期：2017 年 2 月

紫图·育儿课

《开启高敏感孩子的天赋》

首本高敏感孩子教养实战书，开启他们的天赋。

让孩子，肯定自己的独特。

　　《开启高敏感孩子的天赋》是高敏感孩子第一临床医生的扛鼎之作，给高敏感孩子家长的 41 个养育·照顾·陪伴的指导。全世界每 5 个人当中就有 1 个人是高敏感族，当这个人是孩子时，就是"高敏感孩子"。高敏感是种与生俱来的气质，它会成为孩子的弱点或是优点，全靠父母的教养方式。

出版社：北京联合出版公司
定价：49.9 元
开本：32 开
出版日期：2019 年 8 月

《赢在未来的"虎刺怕"小孩》

"虎刺怕"（Chutzpah）是犹太人特有的"个性品牌"，代表勇敢、不畏权威、大胆。

马云说："在以色列，我学到了一个词，Chutzpah——挑战传统的勇气。我相信这种精神属于 21 世纪，属于第三次技术革命，属于未来。"

　　《赢在未来的"虎刺怕"小孩》是一本展现犹太人育儿经验的书，给家有 0~12 岁孩子的你，养出不畏权威、理性对话的"虎刺怕"小孩。小孩哭不停，大人到底该不该介入？孩子不爱念书，怎么办？和小孩讲话不听怎么办？……犹太人育儿经验告诉你，如果想要孩子赢在未来，那么就给予孩子充满安全感、幸福快乐的童年！

出版社：北京日报出版社
定价：49.9 元
开本：32 开
出版日期：2019 年 8 月

《妈妈强大了，孩子才优秀》

央视著名主持人李小萌真心推荐"一本教妈妈的书，胜过十本教孩子的书。"

书中强调了家长要接纳孩子，要了解孩子不同年龄的心理特色，不要进行错位教育，否则大人孩子都累！

　　本书是儿童教育专家罗玲经多年研究，并结合自身育儿经验的心血之作，不但解决了育儿中的难题，甚至改变了家长在生活中的态度。书中除了给出具体解决诸如孩子胆小、好动、打人、骂人、磨蹭、逆反、不认错、爱抱怨、爱哭闹等生活中常常让大人焦头烂额的育儿问题的方法外，还从根本上告诉家长要如何才能帮助孩子长成最好的自己，如何引导孩子合理发挥自己的智能。

出版社：江西科学技术出版社
定价：39.9 元
开本：16 开
出版日期：2016 年 1 月

紫图·育儿课

罗大伦《脾虚的孩子不长个、胃口差、爱感冒》

不伤孩子的脾，别伤孩子的心。

从调理脾胃和情绪入手，有效祛除孩子常见病根源。

2018 年修订升级版。

新增当下常见的儿童舌苔剥落成因及调理。

一本从调理脾胃和情绪入手，教会家长如何对症调理孩子常见病并祛除疾病根的书。书里介绍的各类调理方法已被无数受益的家长验证有效，只要家长认真按书里介绍的辩证使用即可。由知名中医诊断学博士、中央电视台《百家讲坛》特邀嘉宾罗大伦倾心奉献，帮助家长调理孩子瘦弱、不长个、胃口差、爱发脾气等一系列令人焦心的孩子生理和心理问题。随书赠送：孩子长得高、胃口好、不感冒的特效推拿、食疗方速查速用全彩拉页。

出版社：江西科学技术出版社
定价：49.9 元
开本：16 开
出版日期：2018 年 3 月

罗大伦《让孩子不发烧、不咳嗽、不积食》

调好孩子脾和肺，从小到大不生病。

指导家长用食疗和心理学方法 对症调理孩子常见病。

2018 年修订升级版。

新增怀山药治疗外感使用大全、白萝卜水止咳法。

书中把孩子发烧、咳嗽、积食各个阶段的病因和症状讲得通俗、清晰，可以让任何家长都能及时发现孩子身体状况的变化，防患于未然。介绍的调理方法简单、安全，多为食疗及外治法，能提供给家长一系列可操作的解决方案。由知名中医诊断学博士、中央电视台《百家讲坛》特邀嘉宾罗大伦和儿童教育专家、亲子、教育专栏作家罗玲联袂著作，教你快速成为孩子身体和心理上的全方位保护神。随书赠送：孩子常见疾病的每个阶段不同疗法速查速用全彩拉页。

出版社：江西科学技术出版社
定价：49.9 元
开本：16 开
出版日期：2018 年 3 月

罗大伦《图解儿童舌诊》

知名中医专家、中医诊断学博士罗大伦，根据孩子常见身体问题与不同体质舌象的精准分析，给出了 40 种对症调理孩子身体的食疗、泡脚、推拿方等。

很多孩子生病后，自己也说不清到底是哪里不舒服。作为家长，只要把孩子的舌象看清楚了，就能分析出孩子的问题到底出在了哪里，不仅能在疾病的早期及时给与食疗、推拿等调理的方法，也能在自己无法解决时，将孩子身体状况的准确信息传达给医生，便于医生诊治，从而更好地配合治疗，帮孩子早日恢复健康。

出版社：江西科学技术出版社
定价：69.9 元
开本：16 开
出版日期：2019 年 7 月